Peter J. D

Kristin O'

JEDZ ZGODNIE ZE SWOJĄ GRUPĄ KRWI

Osobista książka **kucharska**
dla osób z **grupą krwi A**

150 + przepisów na zdrowe
i pyszne potrawy odpowiednie
dla Twojej grupy krwi

Tłumaczenie: *Barbara Grabska-Siwek i Grzegorz Siwek*

MADA

Warszawa 2013

Tytuł oryginału:
Eat Right 4 Your Type (Type A)
Personalized Cookbook

Projekt okładki i strony tytułowej: Pracownia Graficzna M&P Ferenc

ISBN 978-83-89624-88-8

e-mail: mada@life.pl

Spis treści

Wprowadzenie

Niechaj żywność będzie twym lekiem, a leki twoim pokarmem.
Hipokrates

Żywność ma moc uleczania i wzmacniania żywych organizmów, wspomaga powracanie do zdrowia po urazach i chorobach, a także koryguje nasze genetyczne dziedzictwo. Nie tylko stanowi źródło życiowej energii i składników odżywczych, ale również daje możliwość twórczej ekspresji i nawiązywania kontaktów międzyludzkich – czy to poprzez opracowywanie nowych przepisów albo sposobów na przygotowanie pewnych potraw, czy też choćby za sprawą wspólnego biesiadowania. Kiedy w 1996 roku pisałem książkę *Jedz zgodnie ze swoją grupą krwi*, analizowałem związki między grupami krwi a dietą i nakreśliłem konkretne programy żywieniowe dla każdej z grup krwi. W trakcie minionych piętnastu lat kontynuowałem badania i pisanie o roli pożywienia oraz starałem się prezentować materiały i rady dla tych osób, które chciały i chcą odżywiać się w zgodzie ze swoją grupą krwi.

W roku 1998 napisałem książkę *Gotuj zgodnie ze swoją grupą krwi*, pomyślaną jako podręcznik dla moich czytelników, zawierający przepisy, porady kulinarne oraz wskazania, mające na celu ułatwienie procesu „ustawiania" własnej diety i przygotowywania posiłków. Około trzy lata temu poznałem Kristin O'Connor. Zjawiła się u mnie jako pacjentka, ale nasze rozmowy przeszły na tematy związane ze stosowaniem diety zgodnej z grupą krwi, gotowaniem, przyrządzaniem jedzenia oraz jej pracą w charakterze mistrzyni kuchni, stylistki potraw oraz blogerki zajmującej się sprawami odżywania.

Byłem pod wrażeniem jej poświęcenia dla zagadnień zdrowego jedzenia i umiejętności upraszczania procesu przyrządzania posiłków, który może działać na pewnych ludzi odstraszająco. W kolejnych miesiącach, gdy odwiedzała mnie, lekarza, jako pacjentka, wciąż powracaliśmy w naszych rozmowach do tematu odżywiania. Doszedłem do wniosku, że jest idealną kandydatką na współtwórcę projektu publikacji, w których naukowe zasady diety zgodnej z grupą krwi zostałyby połączone ze sztuką kulinarną, dając w efekcie piękne książki kucharskie przeznaczone dla każdej grupy krwi. Kristin żywo interesuje się wspomnianą dietą i ma wprost niezrównaną wiedzę na temat list produktów właściwych dla poszczególnych grup krwi. Wykazuje się twórczym podejściem i pomysłowością, a także rozumie i docenia fakt, że jedzenie powinno świetnie smakować i zarazem mieć wartość odżywczą.

Przez ostatni rok rozkoszowałem się potrawami według przepisów z tych książek i muszę przyznać, że aż mnie zdumiało, jak bardzo okazały się smaczne. Są też łatwe do przygotowania, co ważne, gdyż większość z nas ma mało czasu na planowanie i szykowanie posiłków. Przepisy zawarte w książkach z niniejszej serii są odpowiednie dla poszczególnych osób, a także całych rodzin i nadają się na różnego rodzaju przyjęcia i uroczyste okazje. Zawierają też wiele pożytecznych rad dotyczących przyrządzania jedzenia, organizacji kuchni, przechowywania żywności oraz planowania posiłków i gotowania. Moim celem zawsze było przedstawienie zrozumiałych informacji, które nietrudno wykorzystać w życiu codziennym, a i sądzę, że to samo udało się Kristin.

Otwierają one przed moimi czytelnikami nowe możliwości związane z odżywianiem i zdrowym stylem życia; łączą w sobie podstawy naukowe, na jakich opiera się dieta zgodna z grupą krwi, z doświadczeniem Kristin jako mistrzyni kuchni i zwolenniczki tej teorii. Przepisy zawarte w tej książce są odpowiednie dla twojej grupy krwi, zgodne z listami dozwolonych produktów, a potrawy przyrządzane według nich są smaczne, gdyż powstały z miłości – do jedzenia i zdrowia oraz chęci zarówno mojej, jak i Kristin do dzielenia się nimi z innymi.

Zapraszam cię do przyłączenia się do naszej dietetycznej podróży. Jestem pewien, że znajdziesz w tej książce zaufanego przyjaciela, który wzbogaci i uzdrowi twoje życie, gdy poeksperymentujesz z przepisami opracowanymi specjalnie dla twojej grupy krwi.

Rzut oka na grupę krwi A

Spokojny. To najlepszy przymiotnik, jakim mogę opisać dietę oraz tryb życia człowieka z grupą krwi A. Chodzi przede wszystkim o zachowanie równowagi głównie dzięki wegetariańskiej diecie, lekkim, relaksującym ćwiczeniom fizycznym i spożywaniu częstych niewielkich posiłków. Wydaje mi się jednak, że 99 procent ludzi z grupą krwi A żyje zupełnie inaczej; są zaganiani i pewnie nie mają czasu na relaks. Jednak nie ma się co martwić; przy odrobinie pomocy z pewnością można żyć i odżywiać się w tym świecie, gdzie tempo życia jest duże, w sposób odpowiedni dla grupy krwi A. Zacznijmy od tego, co jeść.

Osoby z grupą krwi A rozkwitają na diecie pełnej białka sojowego, świeżych warzyw, owoców oraz całych ziaren. Aby zwiększyć korzystne działanie tej głównie wegetariańskiej diety, najlepiej spożywać pokarmy w najbardziej naturalnej postaci: świeże i ekologiczne. Nie chodzi o to, że nie można jeść w ogóle białek zwierzęcych; kurczak oraz indyk należą do produktów **neutralnych**, co oznacza, że konsumując je od czasu do czasu, dostarczysz organizmowi dodatkowego białka i sobie nie zaszkodzisz, ale nie są to pokarmy, które uzdrawiają ludzi z grupą krwi A. Dorsz, łosoś, sieja i pstrąg to kilka przykładów ryb **korzystnych** dla tej grupy, a parę innych należy do kategorii **neutralnych**, pozwalając urozmaicić typowo warzywną dietę.

Zdrowe odżywianie i utrzymywanie prawidłowej wagi u osób z grupą krwi A są ze sobą mocno splecione. Jednym z problemów wspólnych dla tej grupy jest nadwrażliwy układ odpornościowy oraz skłonność do ulegania stresom. Kiedy nasze ciało odczuwa jakiegokolwiek rodzaju przeciążenie, czy to w wyniku ćwiczeń, emocjonalnych wzlotów i upadków czy też napięcia w pracy, reakcją fizjologiczną jest wzrost hormonu stresu – kortyzolu. Gdy organizm funkcjonuje prawidłowo, stężenie kortyzolu jest najwyższe rano i zmniejsza się w ciągu dnia. Jednak osoby z grupą krwi A mają często podwyższony poziom tego hormonu, co zaburza równowagę stężenia cukru we krwi i sprzyja zachorowaniu na cukrzycę (typu I i II). Aby utrzymać odpowiedni poziom cukru we krwi, ludzie z grupą krwi A powinni jadać niewielkie posiłki, ale za to często w ciągu dnia. Zmniejszenie stężenia kortyzolu pomoże też w odchudzaniu. Jeśli słyszałeś czy też słyszałaś kiedyś reklamy, w których wspominano o tabletkach na odchudzanie, usuwających zbędną tkankę tłuszczową, zwłaszcza wokół talii, dzięki zmniejszeniu poziomu kortyzolu, być może zabrzmi to dla ciebie znajomo. Na szczęście, nie musisz od razu biec do sklepu po te tabletki, ponieważ teraz znasz już sekret... jedz zgodnie ze swoją grupą krwi!

Dieta ta stawia tematykę zindywidualizowanego odżywiania na wyższy poziom, przedstawiając wpływ statusu wydzielniczego na nasze zdrowie. Około 80 procent ludzi to wydzielacze, co oznacza, że większość z nas wydziela charakterystyczne dla swojej grupy krwi antygeny do płynów w ciele, takich jak ślina lub śluz. Objaśniam to w książce *Żyj zgodnie ze swoją grupą krwi*:

Wyodrębnienie podtypów w grupach krwi, zwłaszcza określenie statusu wydzielniczego, uściśla identyfikację. Krew nie tylko krąży w ciele. Jej charakterystyka przejawia się na niezliczone sposoby... Przyrównajmy to do kranu. W zależności od ciśnienia wody leje się ona z kranu lub skapuje... Tak samo status wydzielniczy odnosi się do tego, w jakim stopniu i gdzie antygen danej grupy krwi objawia się w ciele.

Bycie wydzielaczem oznacza, że nasze organizmy zwalczają wirusy, bakterie oraz inne ciała obce zaraz po tym, jak zetkniemy się z nimi poprzez wydzieliny w ślinie. Niewydzielacze nie dysponują tą pierwszą linią obrony, jednak ich wewnętrzne „zapory" są potężniejsze od tych u wydzielaczy. A wszystko to wiąże się z tym, że pewna żywność odpowiednia dla wydzielaczy (W) może nie nadawać się dla niewydzielaczy (NW) – i na odwrót. W związku z powyższym zaznaczyliśmy w tej książce wszelkie przepisy nieodpowiednie dla niewydzielaczy, a tam, gdzie to możliwe, zamieściliśmy alternatywne przepisy, właściwe i zdrowe dla osób z tej kategorii.

Zmniejszenie stresu to oczywiście coś więcej niż samo odżywianie. Zwłaszcza w świecie z nadmierną ilością bodźców, pełnym hałasu i tłumów, a także w obliczu szybkiego tempa życia, redukcja stresu powinna stać się sprawą najważniejszą, a może i nawet codziennym nawykiem. Jest wiele relaksujących płyt DVD do słuchania, kursów jogi oraz opisów technik medytacyjnych w Internecie, a wciąż pojawiają się też nowe rodzaje ćwiczeń uspokajających. A zatem metod jest wiele i od ciebie zależy, czy je wypróbujesz, aby zobaczyć, co najlepiej odpowiada twoim zainteresowaniom i stylowi życia.

W tej książce znajdziesz przepisy, jadłospisy i użyteczne pomoce przeznaczone dla osób z grupą krwi A, zarówno wydzielaczy jak i niewydzielaczy. Możesz skorzystać z przewodnika dotyczącego indywidualnej diety, jakim jest program komputerowy SWAMI (to chronione patentem oprogramowanie komputerowe przeznaczone do układania jedynej w swoim rodzaju diety opartej na grupie krwi, serii danych biometrycznych oraz osobistej historii chorób. Więcej informacji na ten temat znajdziesz w dodatku na str. 194). Chodzi oto, żeby ułatwić ci życie podczas przechodzenia na dietę zgodną z grupą krwi, a zatem zabieraj się do jedzenia. Smacznego!

Po kolei

Korzystne pokarmy

Przedstawiam listę podstawowych produktów, które warto mieć w kuchni, gdyż z pewnością przyjdzie taki moment, że zechcemy przyrządzić coś spontanicznie. A mając pod ręką podstawowe pokarmy z listy **korzystnych** oraz **neutralnych**, przygotujemy coś, co jest dla nas zdrowe i dobre.

Zacznijmy od lodówki

Podstawa sałatek

Wybieraj swoje ulubione zieleniny lub kupuj różne z nich za każdym razem, kiedy idziesz do sklepu, zwłaszcza następujące:

Cykoria
Eskariola
Sałata czerwona
Sałata rzymska
Szpinak

Dzięki temu będzie można w każdej chwili przygotować sałatkę lub dodać coś chrupkiego do kanapki.

Pieczone warzywa

Najlepsze, co można dla siebie zrobić, to mieć sporo świeżych warzyw pod ręką, by upiec je na obiad, dodać następnego dnia do przyrządzonej naprędce sałatki lub frittaty na śniadanie. Większość warzyw świetnie nadaje się do tego, by wymieszać je z oliwą oraz solą morską i zapiekać w piekarniku w temperaturze 190°C przez 12–20 minut (w zależności od rozmiaru i gęstości jarzyn). Oto nieco produktów, które są **korzystne** dla grupy krwi A i jednocześnie nadają się do pieczenia:

Broccolini
Brokuły
Cebula
Dynia
Fenkuł
Jarmuż
Karczochy
Marchew
Pasternak

Neutralne

Brukiew
Brukselka
Buraki
Cukinia
Dynia, kabaczek
Kalafior
Seler korzeniowy
Szparagi

Warto zaopatrywać lodówkę co tydzień w niektóre z tych warzyw – to wspaniały sposób na wzbogacenie diety w dobroczynne produkty.

Owoce

W połączeniu z orzechami lub masłami orzechowymi stanowią one idealną przekąskę, ale można też używać ich do przyrządzania deserów albo też dodawać suszone owoce do płatków zbożowych lub sałatek. Niektóre owoce sprawdzają się nawet całkiem dobrze w potrawach słonych.

Korzystne

Ananas
Cytryny
Figi (również suszone)
Grejpfrut
Jagody czarne/borówki amerykańskie
Jeżyny
Limety
Malinojeżyna
Morele
Śliwki
Śliwki suszone
Wiśnie
Żurawiny

Mleko

Chociaż ludzie z grupą krwi A nie powinni pić mleka krowiego, to warto mieć pod ręką jego zamienniki, by dodawać je do koktajlów owocowych, płatków zbożowych, wypieków i niektórych zup. Oto mleczka dozwolone dla grupy A:

Korzystne

Mleczko sojowe

Neutralne

Mleczko migdałowe
Mleczko ryżowe

Dodatki

A co z tymi wszystkimi produktami, przechowywanymi zazwyczaj w drzwiach lodówki, takich jak dressingi do sałatek, przyprawy i sosy? No cóż, niektórych z nich nie da się niczym zastąpić, ale w przypadku innych można to zrobić całkiem prosto. Oto kilka artykułów, dzięki którym zapewnisz swoim kubkom smakowym urozmaicenie:

Cytryny
Dressing cytrusowy (NS) (str. 166)*
Dressing marchewkowo-imbirowy (NW) (str. 166)*
Dressing ziołowy (NW) (str. 165)*
Ghee (masło klarowane)
Mielone siemię lniane
Oliwa/oliwa jasna
Świeże zioła – natka pietruszki, bazylia, oregano, tymianek

Białko

Dieta dla grupy krwi A bazuje na spożywaniu białka roślinnego, pożywnych zbóż i świeżych owoców i warzyw. Poza tym podstawą jest zachowanie równowagi między spożyciem białka a węglowodanów i zdrowych tłuszczów. Być może wiedza o źródłach białka roślinnego jest dla ciebie czymś nowym, a więc podaję poniżej listę produktów,

---

* Przepisy zamieszczone w tej książce.

od której możesz zacząć. Staraj się korzystać z różnych źródeł takiego białka, tak samo jak byś to robił czy też robiła w przypadku pozostania na diecie mięsnej... niewiele osób jada codziennie wołowinę na obiad, a zatem nie bazuj tylko na jednym produkcie białkowym i spróbuj je urozmaicać. Dodano do tej listy kilka produktów neutralnych, ale oczywiście skup się na korzystnych i sięgaj po nie tak często, jak to możliwe.

Produkty korzystne

Wyroby z soi (tempeh, tofu, ser sojowy, mleczko sojowe)

Fasola (adzuki, czarna, „czarne oczko", bób, soczewica, soja, pinto)

Orzechy (ziemne, włoskie)

Ryby/Owoce morza (karp, dorsz, makrela, żabnica, okoń, pickerel, rdzawiec (pollack), *lucjan czerwony* (red snapper), *łosoś, sardynka, ślimak, pstrąg, sieja, witlinek)*

Masła orzechowe (z orzechów ziemnych – korzystne lub migdałów – neutralne). Masło migdałowe jest stosunkowo niedrogie i można je kupić w supermarketach lub sklepach z żywnością naturalną. Jeśli twój program SWAMI wskazuje na jakiś jeden rodzaj orzechów, bardziej dobroczynny od innych, wykorzystaj go i przyrządź własną pastę orzechową za pomocą robota kuchennego).*

Neutralne

Drób (kurczaki, indyk, kurka kornwalijska)

Jaja

Sery (mozzarella, feta, kozi, ricotta, twaróg), a także kefir i jogurt. Jeżeli korzystasz z programu SWAMI, znajdziesz tam sery bardziej lub mniej korzystne od innych, a więc skup się na nich.

---

* *Serotyping With Advanced Modifying Inventories* (SWAMI) – to program komputerowy na temat odżywiania, opracowany przez Petera D'Adamo. – przyp. tłum.

Zapełniamy lodówkę

Koktajle owocowe

Koktajle owocowe (ang. *smoothies*) to wspaniały zamiennik tradycyjnego śniadania lub idealna przekąska białkowa. Najlepsze są świeże owoce sezonowe. Można także mieszać ze sobą mrożone owoce i warzywa, gdyż wtedy koktajle są gęstsze.

Korzystne
Ananasy
Czarne jagody/borówki amerykańskie
Figi
Jarmuż
Jeżyny
Morele
Szpinak
Wiśnie

Neutralne
Awokado
Brzoskwinie
Daktyle
Maliny
Truskawki

Resztki

Zawsze warto podwoić porcję składników, przygotowując dania nadające się do zamrażania, takie jak:
Chili (jako rodzaj potrawy)
Ciastka
Gulasze oraz inne potrawy duszone
Krakersy, chrupki
Lazania
Muffiny
Pesto
Sosy

Pesto można przechowywać w tacach do zamrażania kostek lodu, nie zawierających bisfenolu (BPA), w oddzielnych porcjach. Na dalszych stronach znajdziesz więcej informacji na temat bezpiecznego przechowywania żywności oraz sugestie dotyczące gotowania dużych porcji.

Białka

Warto mieć w zamrażarce co najmniej kilka rodzajów ryb lub drobiu na weekendowe obiady. Chcąc je rozmrozić, wyjmij je z zamrażarki dzień wcześniej i przełóż do lodówki.

Indyk (polędwica lub mięso mielone)

Ryby/Owoce morza (karp, dorsz, makrela, żabnica, okoń, pickerel, rdzawiec (pollack), *lucjan czerwony* (red snapper), *łosoś, sardynka, ślimak, pstrąg, sieja, witlinek)*

Pora zajrzeć do spiżarki

Przekąski

Głównym powodem, dla którego udajemy się do spiżarki, jest chęć przegryzienia czegoś w biegu lub zapakowania jakiejś przekąski dla dzieci do szkoły. Małe porcje jedzenia spożywane w środku dnia koniecznie powinny być zdrowe i zbalansowane, głównie po to, aby utrzymywać w równowadze stężenie cukru we krwi, a najlepszym na to sposobem jest odpowiednie zaopatrzenie kuchni. Oto kilka podstawowych przekąsek dla osób z grupą krwi A:

Ciemna czekolada (zawierająca 70 lub więcej procent masy kakaowej)

Masło z orzechów ziemnych (arachidowe)

Orzechy (włoskie, ziemne, pekany, makadamia i migdały)

Pestki dyni

Siemię lniane

Suszone owoce (morele, wiśnie, figi, śliwki)

Świeże owoce (ananasy, jagody, wiśnie, grejpfruty, śliwki)

Wafle z brązowego ryżu

Jeżeli chcesz zawczasu przygotować coś do przekąszenia, by wykorzystać to wtedy, gdy się śpieszysz, sporządź oddzielne porcje, składające się z orzechów, suszonych owoców lub nawet odrobiny ciemnej czekolady. Przechowuj je w niewielkich szczelnie zamykanych szklanych pojemnikach i zabieraj ze sobą do samochodu, samolotu lub wszędzie tam, gdzie się udajesz.

Pieczywo

Jako osoba z grupą krwi A należysz do nielicznych, którzy tolerują pszenicę. Jest ona dla ciebie produktem **neutralnym,** a więc jeśli chcesz skupić się na zbożach korzystnych, sięgnij po chleb Ezechiela* (wyrabiany ze skiełkowanej pszenicy) lub pieczywo z mąki owsianej lub żytniej.

Napoje

Oto kolejna zaleta posiadania grupy krwi A: kawa i czerwone wino są dla niej wysoce **korzystne.** Oczywiście nie radzę spożywać ich bez umiaru przez cały dzień, ale jeśli chcesz dodać swoim napojom trochę smaku, pijąc je oprócz wody, zainteresuj się herbatkami i sokami owocowymi z listy korzystnych. Dodaj do nich odrobinę cytryny, limety lub mięty albo spożywaj je bez dodatków. Osoby z grupą krwi A powinny zaczynać dzień od szklanki ciepłej wody z cytryną. W rozdziale o napojach przedstawiam kilka przepisów na ciekawe napary.

Korzystne

Kawa

Czerwone wino

Napary (z mniszka lekarskiego, zielonej herbaty, imbiru, rumianku, jeżówki purpurowej (echinacea), *żeńszenia, owocu dzikiej róży)*

Sok z aloesu

Soki owocowe (z czeremchy)

---

* Uwaga: do dostępnego w handlu chleba Ezechiela dodaje się obecnie gluten pszenny, a więc sprawdzaj zawartość składników, aby unikać niekorzystnych.

Ziarna i rośliny strączkowe

Całe ziarna i rośliny strączkowe są dla ciebie **korzystne,** a więc staraj się włączać je do swojej diety tak często, jak się da. Trzymaj zawsze te produkty pod ręką, aby móc łatwo je wykorzystać.

Korzystne

Fasola (adzuki, czarna, „czarne oczko", bób, soczewica, soja, pinto)
Całe ziarna (mąka owsiana, płatki owsiane, mąka żytnia lub gryczana)

Neutralne

Całe ziarna (jęczmień, kukurydza, kuskus, proso, komosa ryżowa, ryż, pszenica, orkisz)

Przyprawy

Konieczność przyrządzania zdrowego jedzenia w taki sposób, aby było smaczne, nie podlega dyskusji. Pomoże nam w tym znajomość zawartości naszej szafki z przyprawami. Zioła i przyprawy nie mają kalorii i są pełne smaków i zapachów. Wymienione poniżej działają korzystnie na osoby z grupą krwi A. Trzymaj w słoiku domową bułkę tartą do posypywania zapiekanek, obtaczania porcji indyka lub ryb. Oliwę również należy mieć pod ręką. Poza tym, choć staramy się walczyć z ochotą na słodycze, to w przypadku większości z nas zupełne pozbycie się jej wydaje się nierealne, a zatem zaopatrz się w naturalne słodziki, takie jak syrop z agawy, zwany też nektarem, oraz syrop klonowy, ale używaj ich z umiarem.

Korzystne

Podstawowa bezglutenowa bułka tarta (NW) (zob. str. 169)
Oliwa
Przyprawy (czosnek, imbir, chrzan, gorczyca, sos tamari)
Melasa trzcinowa
Miód
Miso
Sos sojowy
Syrop klonowy
Syrop z agawy
Wanilia

Neutralne

Bazylia
Cynamon
Estragon
Gałka muszkatołowa
Goździki
Kardamon
Kminek zwyczajny
Kolendra
Liść laurowy
Mięta pieprzowa
Oregano
Przyprawa z papryki
Rozmaryn
Sól morska
Szafran
Szałwia
Szczypiorek
Tymianek
Ziele angielskie

Pomysły na szybkie dania

Sposoby na zaoszczędzenie czasu

Przyrządzaj następujące potrawy w dużych ilościach i przechowuj w zamrażarce, aby wykorzystać je do zabrania ze sobą i spożycia poza domem: chrupki z siemienia lnianego, koktajle owocowe podzielone na porcje, wypieki, chili (rodzaj potrawy), granole, zupy, zapiekanki, sosy do makaronu, pesto (w tacach do kostek lodu) oraz gulasze i inne potrawy duszone.

Przygotowując dressingi lub inne sosy przyprawowe, podwajaj lub potrajaj ilość składników podanych w przepisie, a następnie przechowuj je w lodówce do wykorzystania później. Jeżeli w przepisie podano, by użyć jednej cytryny, równie dobrze możesz wziąć trzy i zaoszczędzić sobie ponownego przygotowywania i sprzątania.

Wykorzystywanie pieczonych warzyw

Podkreślam tutaj, jak bardzo przydatne mogą być resztki pieczonych warzyw. Nie tylko są już gotowe, by dodać je niemal do każdej potrawy, ale też dzięki nim niewielkim kosztem wzbogacamy smak przyrządzanego jedzenia. Oto kilkanaście przykładów dań, do których można dorzucać pieczone jarzyny, tworząc w ten sposób smaczną nową potrawę:

Farsz zawijany w liście sałaty
Frittata
Naleśniki
Omlety
Pizza
Quiche
Sajgonki/Krokiety (spring rolls)
Sałatki
Sałatki makaronowe
Sałatki z ryżu
Suflety
Taco
Tarty warzywne
Zapiekanki

Kiedy następnym razem będziesz piec warzywa na obiad, zrób sobie przysługę i weź podwójną ilość składników.

Przejrzyj swoje zapasy

Teraz, kiedy już masz podstawowe produkty, pora przyjrzeć się temu, czego należy **unikać.** Przez całe życie jedliśmy to, co chcieliśmy. A teraz otwieramy szafki kuchenne i zastanawiamy się, jak zacząć na nowo się odżywiać. Odpowiedź jest jednak prosta: nie trzeba rozpoczynać na nowo. Należy tylko przykładać większą wagę do dokonywania zdrowych wyborów, które nie stanowią teraz dla nas tajemnicy, a zatem wymieniam poniżej kilka miejsc, gdzie mogą czyhać na nas zakazane produkty, grożąc zaburzeniem naszej skądinąd doskonałej nowej diety!

- Otwórz lodówkę – przejrzyj wszystkie sosy przyprawowe, buliony oraz inne przetworzone produkty.
- Zajrzyj do spiżarki – zapoznaj się ze składnikami przekąsek, płatków zbożowych, dań makaronowych, przypraw oraz innych artykułów.
- Otwórz zamrażarkę – wyjmij z niej gotowe dania ze sklepu. Po prostu to zrób. Na pewno ci nie służą. Poza tym zrób to, co w powyższych przypadkach: zobacz, co przechowujesz, i przejrzyj listę składników, żeby wiedzieć, z czym masz do czynienia.

Kiedy to uczynisz, wyjmij wszystkie podejrzane produkty i ustaw je na stole lub innym blacie. Zajrzyj do części poświęconej diecie dla grupy A w książce *Jedz zgodnie ze swoją grupą krwi* lub skorzystaj z list produktów dla określonych grup krwi w internecie (Type Base Food Values) (www.dadamo.com). Jeżeli masz indywidualny plan odżywiania, odwołaj się do materiałów z programu SWAMI. Sprawdź listę produktów niedozwolonych, gdyż to będzie najlepszy sposób na wyeliminowanie pokarmów, których lepiej **unikać**.

Mięso

Pierwsza sprawa, którą osoba z grupą krwi A zauważy, a może ucieszy się z tego powodu lub zmartwi, to zalecenie, by zrezygnować z jedzenia wołowiny. Jeśli nie jesteś bardzo chory, co wymagałoby natychmiastowego ścisłego przestrzegania diety, to należy podejść do tego spokojnie. Nie śpiesz się i skup na pokarmach, które są dla ciebie **korzystne**, starając się jadać je możliwie najczęściej. Jeśli trudno ci wyobrazić sobie ograniczenie spożycia mięsa, zastosuj zasadę 80/20. Gdy nie borykasz się z poważną chorobą, to odżywiając się zgodnie ze swoją grupą krwi w 80 procentach, uzyskasz pełen rezultat. Absolutnie nie chcemy cię stresować lub powodować, że nie rozpoczniesz diety, która wiąże się z ograniczeniem jedzenia mięsa.

Ocet

Osoby z grupą krwi A powinny unikać octu! Wiem, że pewnie wzdrygasz się na myśl o życiu bez możliwości dodawania tego produktu do żywności. Nie martw się jednak; podam przepisy, dzięki którym będzie można go czymś zastąpić. Na razie pozbądź się go z kuchni, aby go nie widzieć i o nim nie myśleć. Powstaje jednak pytanie: gdzie czai się ocet, kiedy nie wymienia się go w nazwie, jak w produktach w rodzaju octów balsamicznych, z czerwonego wina, jabłkowych lub ryżowych?

Ocet zawierają następujące artykuły:

Chrzan w słoiku
Dressingi do sałatek
Keczup
Majonez
Marynaty
Musztarda
Oliwki
Peklowane warzywa
Przyprawy w płynie
Sos do steków
Sos koktajlowy
Sos worcester
Sosy chili

Papryka (również jako przyprawa)

Chociaż większość warzyw działa na ciebie uzdrawiająco, to jednak papryka do nich nie należy. Istnieje wiele jej odmian, od dużej słodkiej po pikantną *chipotle*, a zatem to takie małe przypomnienie, żeby uważać na wszystko, co ostre. W twojej diecie dozwolone są tylko jako **neutralne** dwa rodzaje papryki: sproszkowana słodka w postaci przyprawy oraz pimento. Obie te znajdziesz w przepisach, a więc nie obawiaj się ich; są odpowiednie w diecie dla twojej grupy krwi.

Pozostałe składniki

Po ustaleniu, które z produktów zawierają mięso, ocet i paprykę, opróżnienie spiżarki, lodówki i zamrażarki z nieodpowiedniej żywności nie powinno już nastręczać większych kłopotów. Przejrzyj starannie listę żywności, której należy **unikać**, i pozbądź się tych produktów. Jeśli natkniesz się na konserwy z odpowiednio długą datą ważności, możesz je oddać do pomocy społecznej. Ale jeśli ciężko nie chorujesz, możesz zastosować zasadę 80/20 dla zaoszczędzenia pieniędzy i zrezygnować z produktów do **unikania** dopiero po zjedzeniu nagromadzonych zapasów, sięgając po nie od czasu do czasu, a potem zapełnić spiżarkę i lodówkę pokarmami z kategorii **neutralnych** i **korzystnych**.

Kiedy pozbędziesz się już wszystkich tych produktów, możesz wybrać się do sklepu i nabyć niezbędne artykuły spożywcze.

Jak korzystać z przepisów z tej książki

Ta książka kucharska dla osób z grupą krwi A została opracowana w taki sposób, aby być możliwie najbardziej praktycznym i pomocnym przewodnikiem dietetycznym. Wzięliśmy pod uwagę fakt, że w wielu rodzinach trzeba przygotowywać posiłki dla domowników z różnymi grupami krwi, a czasem też przyjaciół o odmiennych grupach krwi. Aby temu zaradzić, każdy z poradników z prezentowanej serii zawiera te same lub podobne przepisy kulinarne z użyciem nieco innych składników, dopasowanych do potrzeb osób z różnymi grupami krwi. Nazwy potraw są niemal identyczne w każdej z naszych książek, jednak ich składniki i metody przyrządzania bywają zróżnicowane, odmienne. Wiele z dań jest **korzystnych** dla wszystkich, a wtedy oznakowujemy je (A/B/AB/0), żeby zaznaczyć, że nadają się dla każdego, bez względu na grupę krwi. Na przykład dla każdej z tych grup jest przepis na naleśniki, ale dla grupy A **korzystne** są pewne rodzaje zbóż, których inne powinny unikać, a więc zalecamy wykorzystanie określonych rodzajów mąki. Każdy z zamieszczonych przepisów został opracowany w taki sposób, żeby zawierać maksymalnie wiele **korzystnych** produktów spożywczych dla danej grupy, a jednocześnie by potrawa miała możliwie najlepszy smak. Mało kto rzuci się na ciastka z jarmużu, ale wiele osób nie oprze się makaronowi carbonara z kruchym jarmużem. Rzecz w tym, że chcielibyśmy, aby czytelnik przekonywał się co rusz, iż odżywianie się zgodne z własną grupą krwi jest równie dalekie od wyrzeczeń jak rozkoszowanie się smakiem tabliczki czekolady.

Przeglądając tę książkę, co pewien czas napotkasz wyróżniony fragment zatytułowany „charakterystyczny składnik". W poradniku proponujemy bowiem kilka składników spożywczych, o których wcześniej być może nie słyszałaś czy nie słyszałeś, a są **korzystne** dla twojej diety i zadowalają upodobania smakowe. Aby bliżej zapoznać czytelników z takimi składnikami, opisaliśmy je pokrótce, podając sposoby i powody ich wykorzystania w kuchni. Nie bój się poeksperymentować z czymś nieznanym; niech książka ta będzie przewodnikiem ukazującym nowe kulinarne możliwości.

Wiele osób, które odżywiają się zgodnie z grupą krwi, odwiedziło mój gabinet lub posłużyło się kwestionariuszami zamieszczonymi na stronie internetowej (www.dadamo.com), aby opracować indywidualny plan żywieniowy. Jeżeli i ty należysz do tego grona, albo masz książkę o diecie genotypowej, która może różnić się nieco od zasadniczej diety dla ludzi z grupą krwi A – ze względu na uwzględnienie takich czynników jak przebyte schorzenia i skłonności do chorób dziedzicznych, status wydzielniczy oraz genotyp. (Dieta genotypowa to dalsze rozwinięcie mojej teorii dotyczącej diety przystosowanej do indywidualnych potrzeb. Wykorzystuje się w niej różnego rodzaju proste pomiary powiązane z grupą krwi, które pozwalają zaliczyć określonego człowieka do jednego z sześciu podstawowych epigenotypów, takich jak łowca, zbieracz, nauczyciel, badacz, wojownik i koczownik). Dzięki podziałowi produktów spożywczych na **korzystne**, **neutralne** i te, których lepiej **unikać**, w niniejszej książce mogą trafić się pewne przepisy zawierające składniki, które akurat tobie nie odpowiadają. Nawet w takim przypadku nie musisz pomijać owych przepisów; zawsze można łatwo i szybko zastąpić niewłaściwe składniki odpowiednimi zamiennikami (zob. str. 171–172). W tym miejscu podpowiem tylko, że taka zamiana jest najprostsza w przypadku jarzyn – jedne zielone warzywa liściaste można zastąpić innymi, a określony gatunek fasoli innym. Czasami pojedyncze składniki da się po prostu pominąć, o ile nie stanowią głównego komponentu potrawy.

Znajdziesz też pewne przepisy opatrzone skrótami odnoszącymi się do „statusu wydzielniczego". Potrawy według niektórych z przepisów nie są odpowiednie dla „niewydzielaczy", za to doskonałe dla „wydzielaczy" (patrz zamieszczone poniżej objaśnienie skrótów); kiedy tak się zdarzy, proste zamienniki dostosują dany przepis do potrzeb „niewydzielaczy". Jednakże w nielicznych wypadkach niewydzielacz z grupą krwi A będzie zmuszony do rezygnacji z określonej potrawy.

W wielu przepisach natrafisz na zwrot „sól morska do smaku" i możesz się zastanawiać, co to właściwie oznacza i ile takiej soli dodawać. Sól nadaje daniom smaku, lecz może je i zepsuć, jeśli dodamy jej za dużo – i to zepsuć nieodwracalnie. Dosalaj więc po trochu, smakuj i oceniaj, czy trzeba jeszcze posolić. Co to znaczy po trochu? Cóż, zacznij od szczypty, posyp nią danie, odczekaj minutę, aż potrawa wchłonie sól, a potem sprawdź smak. Jeśli zależy ci na mierniczym określeniu szczypty, to uznajmy, że oznacza ona mniej od 1/8 łyżeczki od herbaty.

Jak już wiesz, jedną z głównych zasad dietetycznych dla osób z grupą krwi A jest rezygnacja z mięsa. W całej książce w przepisach, w których mięso występowałoby jako główny składnik, zostało ono zastąpione tofu, tempeh lub jakimś rodzajem drobiu. Jeśli nie podoba ci się pomysł jedzenia tofu lub tempeh, a wielu ludzi widzących je po raz pierwszy tak właśnie na nie reaguje, wtedy taka zmiana diety może być dość nieprzyjemna. Największą zaletą tofu jest to, iż przypomina „czystą tablicę" i można nadać mu taki smak, jaki się chce. Kiedy na przykład marynuje się je w sosie sojowym, miodzie oraz imbirze i smaży na odrobinie oliwy, przemienia się w smakowity i atrakcyjny posiłek, którego wcale nie będziemy mieli ochoty pominąć.

Pamiętaj o tym, aby zapoznać się dokładnie z wybranym przepisem i zorientować się, ile czasu zabierze sporządzenie danej potrawy i czy jakichś składników nie trzeba przypadkiem zawczasu dokupić. I jeszcze jedno: niech gotowanie według tych przepisów, jedzenie przygotowanych na ich podstawie dań, także w liczniejszym gronie, stanie się dla ciebie źródłem radości.

Objaśnienie skrótów i symboli użytych w przepisach:

- * oznacza, że wymieniony w przepisie składnik wymaga zamiany lub pewnego komentarza. Takie wyjaśnienie znajdziemy na końcu przepisu.
- Wszystkie zamieszczone przepisy są odpowiednie dla wydzielaczy z grupą krwi A.
- Skrót (NW) oznacza, że dany przepis nadaje się również dla niewydzielaczy z grupą krwi A.
- Obok tych składników, które NIE są odpowiednie dla niewydzielaczy z grupą krwi A (NW), podano lepsze dla tych osób zamienniki.
- (W) oznacza przepis odpowiedni wyłącznie dla wydzielaczy z grupą krwi A.

Przegląd list pokarmowych

W tej książce odwołujemy się do różnych miejsc, gdzie można znaleźć obszerne listy produktów odpowiednich w diecie zgodnej z grupą krwi. Oto spis publikacji, w których znajdziesz owe listy, aby wybrać odpowiednie dla siebie:

- *Jedz zgodnie ze swoją grupą krwi* (książka ta zawiera podstawową wiedzę na temat omawianej diety);
- *Żyj zgodnie ze swoją grupą krwi* (w tej książce uwzględniono znaczenie statusu wydzielniczego);
- *Grupa krwi A – podręczna lista pokarmów, napojów i suplementów zgodnych z metodą* (podręczny przewodnik zawierający listy podstawowych produktów);
- *Dieta genotypowa* (dalsze rozwinięcie diety z uwzględnieniem grupy krwi, statusu wydzielniczego oraz serii danych biometrycznych, aby jeszcze bardziej dostosować listy pokarmów do indywidualnych potrzeb);
- SWAMI © Oprogramowanie komputerowe opracowane w taki sposób, aby wykorzystać moc sztucznej inteligencji z jej niezwykłą precyzją i szybkością działania do układania indywidualnych diet, dostosowanych do osobistych potrzeb. Na podstawie wielkiej bazy informacji program SWAMI potrafi dokonać oceny ponad siedmiuset produktów żywnościowych, zestawiając je z ponad dwustoma indywidualnymi cechami (takimi jak stężenie cholesterolu we krwi, zawartość glutenu, obecność przeciwutleniaczy itd.), aby określić, czy dany pokarm jest dla nas korzystny czy też toksyczny. Pozwala opracować jedyną w swoim rodzaju dietę w czytelnej i przyjaznej postaci, dołączając do niej listę odpowiednich produktów, przepisy oraz plan posiłków.

Śniadanie

Przepisy śniadaniowe zostały przygotowane w taki sposób, aby były urozmaicone, dzięki czemu nie skończy się na jedzeniu tego samego codziennie. Chodzi o to, żeby jadać na zmianę różne rzeczy: raz jaja, następnie komosę ryżową lub granolę i tak dalej, aby każdego dnia dostarczyć organizmowi różnych składników odżywczych. Pewnie zauważysz, że największa zmiana wprowadzona do tych przepisów dotyczy rodzaju stosowanej mąki. Nie bój się, wypróbuj jeden prosty przepis, na przykład na naleśniki, żeby się trochę oswoić, a potem przejdź do innych. Kiedy już będziesz mieć odpowiednią mąkę pod ręką, dalszy sposób przyrządzania jest już taki jak we wszystkich innych przepisach.

Müsli z komosy ryżowej (NW) (2 porcje)

1/2 szklanki komosy ryżowej (quinoa)
1/2 szklanki wody
1/2 szklanki mleczka migdałowego, ewentualnie trochę więcej w razie potrzeby
1/4 łyżeczki soli morskiej
2 łyżki suszonych wiśni
1 łyżka suszonych żurawin
2 łyżki migdałów w płatkach
2 łyżki posiekanych orzechów włoskich
1/4 łyżeczki cynamonu
2 łyżeczki syropu klonowego
1/4 szklanki chrupkich płatków ryżowych

1. Przepłucz komosę wodą. Wrzuć ją do małego rondla i dodaj wodę, mleczko migdałowe, sól morską, wiśnie oraz żurawiny i doprowadź do wrzenia. Gotuj przez 10 minut, wyłącz ogień i zostaw na kuchni jeszcze przez 4–5 minut. Komosa wchłonie wodę i stanie się lekka i puszysta.
2. W tym czasie praż migdały i orzechy włoskie na suchej patelni na średnim ogniu przez 2 minuty lub do czasu, aż lekko się zrumienią. Zachowaj ostrożność, ponieważ łatwo się przypalają z powodu sporej zawartości tłuszczu.
3. Spulchnij widelcem ugotowaną komosę i dodaj do niej uprażone migdały i orzechy, a także cynamon i syrop klonowy. Przybierz chrupkimi płatkami ryżowymi i dolej więcej mleczka migdałowego, jeśli chcesz.
4. Podawaj od razu.

Wiśniowa granola z melasą trzcinową (NW)

(8 porcji)

4 szklanki chrupiących płatków ryżowych
1 szklanka posiekanych orzechów włoskich
1 szklanka posiekanych pekanów
1/4 szklanki siemienia lnianego (nie mielonego)
1/4 szklanki melasy trzcinowej
2 łyżeczki oliwy
1 łyżka syropu z agawy
1/8 łyżeczki soli morskiej
1/4 szklanki wody
1 szklanka przepołowionych suszonych wiśni
1/2 szklanki przepołowionych suszonych żurawin

1. Rozgrzej piekarnik do temperatury 180°C.
2. Wymieszaj w dużej salaterce: płatki ryżowe, orzechy włoskie, pekany i siemię lniane.
3. W rondlu średniej wielkości podgrzewaj melasę z oliwą, syropem z agawy, solą i wodą na niezbyt dużym ogniu przez około 2 minuty, mieszając.
4. Polej tym płynem mieszankę granoli, wymieszaj, aby dobrze ją obtoczyć, i rozprowadź na blasze wyłożonej pergaminem. Piecz przez 10 minut.
5. Wyjmij granolę z piekarnika, wymieszaj i wstaw z powrotem, zmniejszając temperaturę do 150°C. Piecz dalej przez 25 minut.
6. Wymieszaj granolę z wiśniami i żurawinami.
7. Podawaj ciepłą lub ostudź zupełnie i przechowuj w szczelnie zamykanym szklanym pojemniku do dwóch tygodni lub w zamrażarce do dwóch miesięcy.

Plasterki owoców z pastą z granoli i orzechów (NS)

(4 porcje)

3 łyżki masła z orzechów ziemnych
*1/3 szklanki granoli**
1/4 łyżeczki cynamonu
sól morska do smaku
1 cytryna
1 gruszka
1 jabłko

1. Wymieszaj starannie masło orzechowe z granolą i cynamonem. Posól do smaku.

2. Pokrój owoce na okrągłe plasterki grubości około 0,6 cm. Przetnij cytrynę na pół i natrzyj nią kawałki owoców, aby nie ciemniały. Nałóż po 1–2 łyżeczki mieszaniny z granoli na plasterki owoców i podawaj.

Śniadaniowa sałatka jajeczna (NW) (4 porcje)

1/2 szklanki fasoli „czarne oczko" gotowanej lub z puszki, przepłukanej i odcedzonej
2 łyżeczki oliwy
3 duże jaja gotowane na twardo
1/4 szklanki startej mozzarelli
1 łyżka posiekanej natki pietruszki
2 szklanki liści młodej sałaty i zieleniny różnych gatunków
sól morska do smaku

Dressing

1/2 łyżeczki sproszkowanej gorczycy
1 łyżka oliwy
1 łyżka soku z cytryny
1 łyżka startej cebuli
sól morska do smaku

---

* Zob. przepis na *Wiśniową granolę z melasą trzcinową (NW), str. 35.*

1. Wymieszaj składniki na dressing w oddzielnej salaterce: gorczycę z oliwą, sokiem z cytryny, cebulą i solą morską.

2. Smaż fasolę „czarne oczko” na oliwie przez 2–3 minuty na średnim ogniu, aż się podgrzeje i stanie się lekko chrupiąca.

3. Obierz jaja ze skorupek i rozdrobnij widelcem w misce. Dodaj do nich fasolę, ser oraz natkę pietruszki, a następnie wymieszaj z dressingiem. Podawaj na listkach młodej sałaty i zieleniny różnych gatunków.

Tosty z bekonem z indyka i szpinakiem (NW)

(4 porcje)

spray do natłuszczania zapobiegający przywieraniu
3 plasterki bekonu z indyka
3 duże jaja (całe)
3 duże białka
2 łyżeczki oliwy
2 szklanki świeżego szpinaku
sól morska do smaku
4 kromki chleba Ezechiela, tostowane
1/4 szklanki mozzarelli

1. Rozgrzej dużą patelnię na średnim ogniu i spryskaj oliwą w sprayu.

2. Kiedy patelnia będzie gorąca, wrzuć bekon i smaż przez 3–4 minuty. Przełóż na drugą stronę i smaż przez kolejne 2–3 minuty, aż stanie się chrupiący*. Wyjmij z patelni, poczekaj, aż ostygnie, a potem rozdrobnij i odstaw na bok.

3. Ubij całe jaja z białkami w niewielkiej salaterce. Wlej oliwę na tę samą patelnię i zmniejsz nieco ogień. Dodaj szpinak i smaż przez 2 minuty, przyprawiając solą morską. Następnie zalej szpinak jajami i podgrzewaj lekko przez około 2 minuty, mieszając, aż potrawa się zetnie. Wyłącz ogień i dodaj przygotowany wcześniej bekon oraz ser.

4. Nakładaj masę na tosty i podawaj od razu.

---

* Jeśli bekon nie jest tak chrupki, jak sobie życzysz, dodaj nieco więcej oliwy podczas przyrządzania.

Charakterystyczny składnik: bekon z indyka (bez dodatku azotanów i konserwantów)

Nie wszystkie rodzaje bekonu z indyka są takie same. Na rynku znajduje się wiele typów i marek tego produktu, ale większość z nich jest pozyskiwana sztucznie i zawiera mnóstwo soli, konserwantów oraz azotanów... a wszystko to składniki, których absolutnie nie mamy ochoty jeść. Istnieją nieliczne firmy produkujące bekon z indyka bez tych niezdrowych i sztucznych dodatków, a ich wyroby można znaleźć w miejscowych sklepach z naturalną żywnością i w niektórych innych sklepach spożywczych.

Frittata z buraka liściowego i brązowych pieczarek (NW) (4 porcje)

2 łyżki masła ghee
1/4 szklanki drobno posiekanej cebuli hiszpańskiej
*1 szklanka pokrojonych brązowych pieczarek**
3 szklanki posiekanego buraka liściowego (boćwiny)
3 duże białka
3 duże jaja (całe)
2 łyżki mąki orkiszowej
sól morska do smaku
1 łyżeczka posiekanego świeżego estragonu
1 łyżeczka oliwy
1 łyżka uprażonych pestek dyni

1. Rozgrzej piekarnik do temperatury 190°C.
2. Smaż cebulę, pieczarki i boćwinę na rozgrzanej patelni z masłem ghee przez 4–5 minut, aż warzywa zmiękną.
3. W dużej salaterce ubij całe jaja z białkami, mąką orkiszową, solą i estragonem. Wlej na patelnię oliwę, a następnie zalej warzywa masą jajeczną i podgrzewaj mniej więcej przez minutę.

* Uwaga: Pieczarki brązowe (*cremini*) znane są też jako pieczarki *baby portobello*.

4. Przełóż do piekarnika i piecz przez 6–8 minut, aż potrawa się zetnie i przyrumieni na brzegach. Przybierz pestkami dyni i podawaj na ciepło.

Frittata z brokułami i fetą (NW) (4 porcje)

1 główka brokułu
1/4 łyżeczki soli morskiej
1 łyżka plus 2 łyżeczki oliwy
3 duże jaja (całe)
2 duże białka
1/3 szklanki pokruszonej fety
1/2 szklanki posiekanego szpinaku
1/4 szklanki drobno posiekanego szczypiorku
2 łyżeczki mąki orkiszowej
1 łyżka posiekanego oregano

1. Rozgrzej piekarnik do temperatury 190°C.
2. Podziel brokuły na kawałki wielkości kęsa i ułóż na blasze do pieczenia. Posyp odrobiną soli morskiej i skrop łyżką oliwy. Piecz przez 15 minut. Wyjmij z piekarnika.
3. W średniej salaterce ubijaj jaja i białka z fetą, szpinakiem, szczypiorkiem, mąką, oregano oraz solą do smaku, aż dobrze się wymieszają.
4. Posmaruj resztą oliwy dno patelni średniej wielkości, ustawionej na niezbyt dużym ogniu, aby utworzyć warstwę zapobiegającą przywieraniu. Kiedy się rozgrzeje, dodaj masę jajeczną oraz brokuły. Smaż przez 1–2 minuty, unosząc delikatnie brzeg frittaty szpatułką, aby nie ścięte jeszcze jaja spłynęły pod spód na dno patelni.
5. Wstaw patelnię pod opiekacz na 2 minuty lub do czasu, aż masa jajeczna się zetnie i zrumieni lekko na brzegach. Jeśli rączka patelni jest gumowa, owiń ją mocno folią aluminiową, aby się nie stopiła.
6. Podawaj na ciepło.

Jajecznica z kiełbaskami i syropem klonowym (NW)

(4 porcje)

1/4 szklanki drobno posiekanej białej cebuli
3 szklanki posiekanego jarmużu
2 szklanki rozmrożonych pokrojonych serc karczochów
1 łyżka oliwy w dawce podzielonej
250 g surowych kiełbasek z indyka
1 łyżka syropu klonowego
3 duże jaja
2 duże białka
1 łyżka wody
sól morska do smaku
1/4 szklanki startej mozzarelli

1. Smaż cebulę, jarmuż i karczochy na 2 łyżeczkach oliwy na patelni na średnim ogniu przez 3–4 minuty. Wyjmij warzywa z patelni i odstaw na bok. Obsmażaj kiełbaski z indyka na tej samej patelni przez około 5–6 minut na reszcie oliwy, aż całe się zrumienią, rozdrabniając je na kawałki wielkości kęsa. Skrop syropem klonowym i wymieszaj. Dodaj do warzyw.
2. Ubij jaja i białka z wodą i solą, a potem wlej na patelnię, zmniejszając ogień do średniego. Mieszaj delikatnie szpatułką odporną na wysokie temperatury, aż się zetną i usmażą. Przełóż kiełbaski i warzywa na patelnię z jajecznicą i wymieszaj.
3. Podawaj przybrane tartym serem.

Domowe kiełbaski śniadaniowe z indyka (NW)

(4 porcje)

2 łyżeczki oliwy
1/2 szklanki drobno posiekanej cebuli
1/2 szklanki drobno posiekanego fenkułu
450 g mielonego mięsa z indyka
1 łyżeczka nasion kopru włoskiego (fenkułu)

1 łyżeczka sproszkowanej papryki
1 łyżeczka soli morskiej
1 ząbek czosnku przepuszczony przez praskę
1/2 szklanki drobno posiekanej gruszki odmiany Bosc
2 łyżeczki syropu klonowego

1. Podgrzej oliwę na dużej patelni na średnim ogniu i wrzuć cebulę oraz fenkuł. Smaż przez 4–5 minut lub do czasu, aż będą miękkie. Zdejmij z ognia i ostudź do temperatury pokojowej – około 10 minut.
2. Kiedy warzywa wystygną, włóż mielone mięso z indyka do dużej salaterki, dodaj nasiona kopru włoskiego, sproszkowaną paprykę, sól, czosnek, gruszkę, syrop klonowy oraz ostudzone warzywa. Połącz wszystkie składniki z mięsem rękami, ale nie mieszaj ich zbyt długo.
3. Uformuj z masy mięsnej niewielkie porcje w kształcie parówek. Smaż przez 8–10 minut, aż zrumienią się ze wszystkich stron, przestaną być różowe w środku, a wyciekający z nich sok będzie przejrzysty.
4. Podawaj ciepłe, same lub z dodatkiem jajecznicy, na śniadanie pełne białka!

Pudding chlebowy z ziołami i serem na słono (NW)

(12 porcji)

2 szklanki cebuli pokrojonej w kostkę
2 szklanki pokrojonych pieczarek brązowych (cremini)
2 szklanki cukinii pokrojonej w kostkę
6 szklanek porozdzieranego jarmużu
2 łyżeczki oliwy
1 łyżeczka masła klarowanego ghee
sól morska do smaku
8 szklanek chleba pokrojonego w kostkę (ze skiełkowanej pszenicy lub orkiszu)
1 szklanka mleczka migdałowego
*1 szklanka bulionu warzywnego**

* Zob. przepis na bulion warzywny (NW), str. 168.

4 duże roztrzepane jaja
1 łyżeczka drobno posiekanego świeżego rozmarynu
1 łyżeczka drobno posiekanej świeżej szałwii
1 łyżeczka świeżego tymianku
1 szklanka sera mozzarella
spray do natłuszczania zapobiegający przywieraniu

1. Rozgrzej piekarnik do temperatury 180°C i natłuść formę do pieczenia o wymiarach około 23 x 28 cm oliwą w sprayu.
2. Na dużej patelni smaż na oliwie i maśle ghee cebulę, pieczarki, cukinię oraz jarmuż aż będę miękkie – około 5–6 minut. Przypraw solą i odstaw na bok.
3. Pokrój chleb w kostkę o boku 2,5 cm i ułóż na blasze do pieczenia w jednej warstwie. Wstaw do rozgrzanego piekarnika na 3–4 minuty, aby lekko się przyrumienił. Wymieszaj z warzywami w dużej salaterce.
4. Ubij mleczko migdałowe z bulionem warzywnym, jajami, rozmarynem, szałwią i tymiankiem. Polej tym chleb z jarzynami i wymieszaj. Przełóż całą masę do formy do pieczenia. Przybierz mozzarellą i piecz pod przykryciem przez 35 minut. Zdejmij pokrywę i piecz dalej przez 10 minut, aż ser zacznie wrzeć i lekko się zrumieni.
6. Podawaj ciepłe.

Suflet ze szpinaku i z cukinii (NW) (4 porcje)

spray do natłuszczania zapobiegający przywieraniu
1 łyżka masła ghee
2 łyżki mąki owsianej
1/2 szklanki mleczka sojowego lub migdałowego
1/2 szklanki bulionu warzywnego (zob. str. 168)
2 szklanki paczkowanego szpinaku
2 szklanki posiekanej cukinii
2 duże żółtka
1/4 szklanki posiekanej bazylii
1/4 szklanki pokruszonego sera feta
1/8 łyżeczki mielonych goździków
4 duże białka o temperaturze pokojowej

1. Rozgrzej piekarnik do temperatury 180°C. Przygotuj 4 naczynia do zapiekania (o pojemności 360 ml), natłuszczając je oliwą.

2. Roztop masło ghee w rondlu na średnim ogniu i wymieszaj z mąką. Dolewaj stopniowo mleczko oraz bulion warzywny, stale ubijając, aż zgęstnieją – około 3–4 minuty. Kiedy mieszanina stanie się gęsta, o konsystencji podobnej do jogurtu, zdejmij garnek z ognia i zupełnie ostudź.

3. Zmiksuj szpinak z cukinią za pomocą robota kuchennego. Wyciśnij nadmiar płynu przez ściereczkę. Przełóż warzywa do salaterki i wymieszaj z żółtkami, bazylią, serem oraz goździkami.

4. Połącz warzywa z ostudzoną mieszaniną z mleczka i bulionu.

5. W suchej szklanej salaterce ubij białka ręcznym mikserem na sztywną pianę. Połącz je z masą warzywną, dodając po 1/3 piany naraz. Delikatnie wszystko wymieszaj i rozłóż do 4 żaroodpornych naczyń (o pojemności 360 ml). Ustaw naczynia na blasze do pieczenia i napełnij ją gorącą wodą do połowy. Ostrożnie wstaw do piekarnika i piecz przez 45 minut lub do czasu, aż tester wsunięty do sufletu będzie czysty po wyjęciu. Podawaj od razu.

Naleśniki (NS) (4 porcje)

3/4 szklanki mąki orkiszowej
1/4 szklanki mąki owsianej
2 łyżeczki proszku do pieczenia
1/2 łyżeczki soli morskiej
2 duże jaja
1 szklanka mleczka migdałowego lub sojowego
2 łyżki oliwy
spray do natłuszczania zapobiegający przywieraniu

1. Wymieszaj mąkę orkiszową z owsianą, proszkiem i solą.

2. W oddzielnej salaterce ubij jaja z mleczkiem i oliwą. Wlej do mąki i mieszaj, aż wszystko się połączy i nie będzie grudek.

3. Nałóż 1/4 ciasta na gorącą, natłuszczoną sprayem patelnię i smaż po 1–2 minuty na każdej stronie.

5. Podawaj na ciepło.

Charakterystyczny składnik: mąką owsiana

Owies ma wspaniały kremowy smak i nadaje wypiekom jednolitą konsystencję. Mąkę można przygotować samodzielnie, mieląc owies bardzo drobno za pomocą robota kuchennego. Zawiera dużo błonnika, a jedną z zalet włączenia owsa do diety jest skuteczne zaspokajanie apetytu, zatem po posiłku będziemy dłużej czuli się syci. Mąka owsiana nie wyrasta, ponieważ nie zawiera glutenu, najlepiej więc dodawać do niej mąkę orkiszową lub pszenną podczas przyrządzania wypieków. Dlatego właśnie w większości swoich przepisów łączę mąkę owsianą z orkiszową.

Cynamonowe naleśniki francuskie z mąki owsianej (NW) (4 porcje)

2/3 szklanki mąki owsianej
1/3 szklanki mąki orkiszowej
1/4 łyżeczki soli morskiej
1/4 łyżeczki cynamonu
1 i 1/4 szklanki mleczka sojowego lub mleka koziego
2 duże jaja
1 łyżka i 1 łyżeczka roztopionego masła ghee, dodawane oddzielnie

1. Wymieszaj w średniej salaterce mąkę owsianą z orkiszową, solą morską i cynamonem.
2. Roztrzep mleko z jajami i łyżką roztopionego masła ghee. Dodaj je do mąki i ubijaj, aż dobrze się połączą. Przykryj i odstaw na godzinę.
3. Rozgrzej dużą patelnię na średnim ogniu. Gdy będzie gorąca, roztop na niej łyżeczkę masła ghee i rozsmaruj równo po dnie. Wlej 1/4 szklanki ciasta naleśnikowego i szybko poruszaj patelnią, aby je rozprowadzić na bardzo cienką warstwę. Smaż przez minutę lub do czasu, aż ciasto się zetnie, a jego brzegi zaczną się nieco unosić. Przerzuć szpatułką na drugą stronę i smaż przez kolejną minutę.

Muffiny z dyni skrapiane wyciągiem z karobu (NW)

(12 porcji)

2 szklanki mąki orkiszowej
1 szklanka mąki owsianej
2 łyżeczki proszku do pieczenia
1/2 łyżeczki sody oczyszczonej
1/2 łyżeczki drobnej soli morskiej
1 łyżeczka mielonego cynamonu
1/8 łyżeczki mielonych goździków
1/2 łyżeczki mielonego imbiru
1/4 łyżeczki ziela angielskiego
1 puszka (450 g) organicznego przecieru z dyni
1/2 szklanki miodu
2 duże jaja
1/2 szklanki mleczka sojowego

Dodatek
1/4 szklanki płatków owsianych
1/3 szklanki drobno posiekanych pekanów
1/2 łyżeczki mielonego cynamonu
1 łyżka miodu
1 łyżka oliwy jasnej lub oleju z orzechów włoskich
1/4 szklanki płynnego wyciągu z karobu (Carob Extract)*

1. Rozgrzej piekarnik do temperatury 180°C
2. W dużej salaterce wymieszaj starannie mąkę orkiszową i owsianą z proszkiem do pieczenia, sodą oczyszczoną, solą, cynamonem, goździkami, imbirem oraz zielem angielskim.
3. W innej misce ubij przecier z dyni z miodem, jajami i mleczkiem. Następnie dodaj to do mącznej mieszaniny i wymieszaj. Nałóż do wyłożonej papierowymi foremkami blachy do muffinów i skrop równo wyciągiem z karobu.
4. Wymieszaj płatki owsiane z pekanami, cynamonem, miodem i oliwą (lub olejem) w małej salaterce i roztrzep widelcem. Rozłóż równo na wszystkich muffinach i skrop wyciągiem z karobu.

---

* Informacje na temat tego, gdzie można kupić wyciąg z karobu (Carob Extract), znajdziesz na końcu książki w dodatku II w części produkty.

5. Piecz przez 20–25 minut lub do czasu, gdy włożona do muffinów wykałaczka będzie czysta po wyjęciu.

Gofry z dzikim ryżem (4 porcje)

1 i 1/2 szklanki mąki orkiszowej
1/2 szklanki mąki owsianej
2 łyżki siemienia lnianego
1/2 łyżeczki soli morskiej
2 łyżeczki proszku do pieczenia
1/4 łyżeczki cynamonu
2 duże jaja
2 szklanki mleka sojowego lub koziego
2 łyżki oliwy
2 łyżki musu jabłkowego
1 szklanka ugotowanego dzikiego ryżu

1. Rozgrzej gofrownicę.
2. Wymieszaj suche składniki w dużej salaterce: mąkę orkiszową i owsianą, siemię lniane, sól morską, proszek do pieczenia i cynamon.
3. W innej salaterce ubij mokre składniki: jaja z mlekiem, oliwą i musem jabłkowym. Dodaj mokre składniki do suchych i mieszaj, aż znikną grudki. Połącz z ugotowanym dzikim ryżem.
4. Nałóż tyle ciasta na gofrownicę, by sięgnęło do obrzeża, zamknij ją i smaż według instrukcji dołączonych do urządzenia. Gofry powinny być ścięte i lekko kruche z zewnątrz oraz miękkie w środku.
5. Podawaj na ciepło.

Charakterystyczny składnik: siemię lniane

Siemię lniane to niewielkie, twarde i gładkie nasiona lnu, zasobne w kwasy tłuszczowe omega-3, a także mangan, błonnik oraz inne składniki odżywcze. Pokarmy bogate w tłuszcze omega-3 to zdrowy dodatek do każdego rodzaju diety. Na osoby o grupie krwi A działają one przeciwzapalnie, pomagając w zwalczaniu chorób nowotworowych oraz cukrzycy. Siemię lniane można dodawać do koktajlów owocowych, wypieków, a nawet jako przybranie do sałatek. Zamoczone w ciepłej wodzie, wiążą się z nią, wytwarzając rodzaj galaretki, która pomaga w przyrządzaniu bezglutenowych wypieków, a po wypiciu sprzyja regularnym wypróżnieniom.

Muffiny z jagodami i orzechami makadamia (NS)

(12 porcji)

1 i 1/2 szklanki mąki orkiszowej
1 szklanka mąki owsianej
1/2 łyżeczki soli morskiej
2 łyżeczki proszku do pieczenia
1 łyżeczka sody oczyszczonej
1/2 łyżeczki cynamonu
2 duże jaja
1/2 szklanki syropu z agawy
1/2 łyżeczki startej skórki z cytryny
3 łyżki oliwy jasnej
1/2 szklanki musu jabłkowego
1/2 szklanki plus 2 łyżki mleczka sojowego lub migdałowego
1/2 szklanki posiekanych orzechów makadamia
1 szklanka czarnych jagód świeżych lub mrożonych

1. Rozgrzej piekarnik do temperatury 180°C. Włóż pergaminowe foremki do otworów w formie do pieczenia muffinów.
2. W dużej salaterce wymieszaj starannie mąkę orkiszową z mąką owsianą, solą, proszkiem do pieczenia, sodą oczyszczoną i cynamonem. Odstaw na bok.
3. W oddzielnej misce ubij jaja z syropem z agawy, skórką z cytryny, oliwą, musem jabłkowym i mleczkiem.
4. Dodaj mokre składniki do suchych i dobrze wymieszaj. Dorzuć orzechy makadamia i jagody. Rozłóż ciasto równo do przygotowanych foremek i piecz przez 20–25 minut lub do czasu, aż tester lub wykałaczka wbite to ciasta będą czyste po wyjęciu.

Charakterystyczny składnik: mleczko migdałowe

Jak sama nazwa wskazuje, mleczko migdałowe wyrabia się z migdałów, mieląc je, a następnie łącząc z wodą. Jest ono niskokaloryczne, nie zawiera cholesterolu ani laktozy i ma lekko słodki, kremowy smak, dzięki czemu idealnie zastępuje mleko krowie. W większości przepisów można je stosować jako zamiennik mleka krowiego, na przykład w wypiekach, napojach lub niektórych sosach. Co ciekawe, mleczko migdałowe było dość popularne w średniowieczu z uwagi na wysoką zawartość białka i długą przydatność do spożycia.

Rożki z wiśniami (12 porcji)

1/2 szklanki przepołowionych suszonych wiśni
1 szklanka mąki orkiszowej i trochę do rozwałkowania ciasta
1/2 szklanki mąki owsianej
1/4 szklanki mąki z migdałów
2 łyżeczki proszku do pieczenia
1/2 łyżeczki soli morskiej
4 łyżki zimnego niesolonego masła
1/4 szklanki mleczka migdałowego
1 duże jajo
1 łyżeczka startej skórki z cytryny
1/3 szklanki syropu z agawy

Przybranie
2 łyżki syropu z agawy
2 łyżki mąki migdałowej

1. Rozgrzej piekarnik do temperatury 180°C.
2. Wrzuć suszone wiśnie do niewielkiej salaterki i namocz je przez 10 minut, zalewając wrzącą wodą. Następnie odcedź i osusz. Odstaw na bok.
3. W dużej misce wymieszaj mąkę orkiszową, owsianą i migdałową z proszkiem do pieczenia oraz solą.
4. Pokrój zimne masło w kosteczkę i zagnieć z masą mączną za pomocą wykrawarki do ciasta lub dwóch nożyków do masła. Ciasto powinno przypominać z wyglądu grubą kaszę kukurydzianą. Dorzuć wiśnie do suchej masy, starając się równo je rozprowadzić.
5. W oddzielnej salaterce ubij mleczko z jajem, skórką z cytryny i syropem z agawy, aby dobrze się połączyły. Dodaj je do suchych składników i dobrze wymieszaj. Ciasto będzie gęste i nieco lepkie. Użyj nieco więcej mąki, żeby uformować z niego kulę. Ułóż ją ostrożnie na blacie posypanym mąką i rozgnieć rękami, tworząc prostokąt grubości około 2,5 cm. Ostrym nożem przekrój ciasto raz poziomo, a następnie każdą z części potnij pionowo na 3 kawałki, otrzymując w ten sposób 6 kwadratów. Przekrój każdy z nich ukośnie, tworząc 12 trójkątów. Ułóż je delikatnie na blasze wyłożonej pergaminem. Posmaruj równo syropem z agawy i posyp mąką migdałową.

6. Piecz w temperaturze 180°C przez 20–22 minuty lub do czasu, aż stwardnieją i lekko przyrumienią się na spodzie. Podawaj ciepłe lub ostudź zupełnie i przechowuj w zimnym i suchym miejscu do następnego dnia.

7. Rożki można zamrażać do miesiąca. Przed podaniem podgrzewaj je przez 10 minut w temperaturze 100°.

PORADA

Dzięki użyciu zimnych składników rożki będą miały warstwową fakturę.

Charakterystyczny składnik: mąka migdałowa

Aby zrobić taką mąkę, trzeba zmielić drobno blanszowane migdały. Nadaje się ona świetnie do wypieków, takich jak ciastka, muffiny lub zwarte ciasta. Nadaje im słodki smak i dostarcza dodatkowego białka oraz zdrowych tłuszczów. Mąka migdałowa sprawia, że wypieki mają miękką ziarnistą konsystencję, dzięki czemu ciasteczka są bardziej chrupiące, a ciasta i muffiny wydają się bardziej pełnoziarniste. Najdłużej można ją przechowywać w zamrażarce.

Chleb gruszkowo-rozmarynowy (NW) (10 porcji)

1/2 szklanki pokrojonej w kostkę średniej gruszki
3/4 szklanki mąki orkiszowej
1/2 szklanki mąki owsianej
1 łyżka posiekanego świeżego rozmarynu
1/2 łyżeczki soli morskiej
2 łyżeczki proszku do pieczenia
2 duże jaja
1/4 szklanki syropu z agawy
1/4 szklanki oliwy extra virgin
1/3 szklanki posiekanych orzechów włoskich
spray do natłuszczania zapobiegający przywieraniu

1. Rozgrzej piekarnik do temperatury 180°C. Natłuść oliwą w sprayu formę do ciasta o wymiarach 22 x 12 cm.

2. Obierz dojrzałą gruszkę, pokrój na kawałeczki i połóż na papierowym ręczniku, aby osączyć z nadmiaru soku.

3. Wymieszaj ze sobą suche składniki: mąkę z orkiszu i owsa z rozmarynem, solą i proszkiem do pieczenia.

4. W oddzielnej salaterce roztrzep jaja z syropem z agawy i oliwą, aby dobrze się ze sobą połączyły. Dodaj mokre składniki do naczynia z suchymi produktami. Wymieszaj z posiekanymi orzechami włoskimi i osączoną gruszką.

5. Przełóż ciasto do natłuszczonej formy. Piecz przez 30–35 minut lub do czasu, gdy tester wsunięty do ciasta po wyjęciu będzie czysty.

PORADA

Kuchenne spryskiwacze wielokrotnego użytku są powszechnie dostępne, a więc wystarczy napełnić je dozwolonym rodzajem oleju lub oliwy i używać do natłuszczania, aby zapobiec przywieraniu potraw.

Charakterystyczny składnik: mąka orkiszowa

Orkisz to starodawne zboże spokrewnione z pszenicą, tyle że o nieco bardziej orzechowym smaku i większej zawartości składników odżywczych. Można go stosować w niemal wszystkich przepisach, w których potrzebna jest mąka pszenna jako jej główny zamiennik. Chociaż orkisz zawiera gluten, raczej nie wywołuje problemów u ludzi nie tolerujących pszenicy. Można go nabyć w różnych postaciach – pełnego ziarna, mąki, makaronu lub pieczywa. Produkty z orkiszu należy przechowywać w lodówce, aby zachowały możliwie najwięcej wartości odżywczych.

Lunch

Wszystkie przepisy na lunch zostały tak ułożone, aby zachować równowagę między warzywami a różnymi rodzajami białek, ograniczając przy tym nieco ilość węglowodanów złożonych. W przepisach, w których przeważają jarzyny lub białka, podano sugestie, jak uzupełnić je w brakujący składnik, by potrawa była smaczna.

Kanapka z hummusem z fasoli adzuki i fetą (NW)

(1 porcja)

2 kromki chleba z mąki z brązowego ryżu
1/2 łyżeczki oliwy
sól morska gruboziarnista do smaku
*2 łyżki hummusu z fasoli adzuki**
3-centymetrowy kawałek sera feta
2 cienkie plasterki serc karczochów
2 liście sałaty masłowej

1. Opiecz lekko kromki chleba, aż nieco się przyrumienią, skrop po jednej stronie oliwą i posyp odrobiną soli morskiej.
2. Posmaruj jednego tosta hummusem po naoliwionej stronie i przybierz fetą, plasterkami karczochów oraz liśćmi sałaty. Przykryj drugim tostem, stroną posmarowaną oliwą, i przekrój na pół.
3. Podawaj od razu.

Długie bułki z pieczarkami (4 porcje)

3 szklanki grubo posiekanych pieczarek
1/4 szklanki startej cebuli
2 łyżeczki oliwy
1 łyżeczka czosnku przepuszczonego przez praskę
1/2 szklanki bułki tartej (zob. str. 169)
1 duże jajo
2 łyżki posiekanej bazylii
1 łyżka posiekanego oregano
sól morska do smaku

Sos:
słoiczek (125 ml) posiekanej pimento
1/2 szklanki posiekanej cebuli
1 ząbek czosnku przepuszczony przez praskę

---
* Zob. przepis na hummus z fasoli adzuki (NW), str. 129.

2 łyżeczki oliwy
1/2 szklanki bulionu warzywnego (zob. str. 168)
1 łyżeczka syropu z agawy
1/2 szklanki posiekanej bazylii
4 bułki z mąki z brązowego ryżu lub prosa
1/2 szklanki mozzarelli

1. Rozgrzej piekarnik do temperatury 200°C.
2. Smaż pieczarki z cebulą na oliwie na dużej patelni przez 8–10 minut, aż grzyby puszczą wodę, a cebula zacznie mięknąć. Zestaw z ognia, ostudź do temperatury pokojowej i odlej nadmiar płynu.
3. Włóż pieczarki i cebulę do pojemnika robota kuchennego wraz z czosnkiem, bułką tartą, bazylią, jajem, oregano i szczyptą soli morskiej. Zmiksuj, aby je wymieszać, ale zbytnio nie rozdrabniaj.
4. Za pomocą zwykłej łyżki lub małej łyżki do lodów uformuj z przygotowanej masy kulki. Ułóż je na blasze do pieczenia wyłożonej pergaminem i piecz przez 40 minut lub do czasu, aż będą gotowe.
5. W tym czasie przygotuj sos, smażąc na dużej patelni cebulę z czosnkiem na 2 łyżeczkach oliwy przez 4–5 minut. Dodaj pimento i duś dalej przez 3–4 minuty. Wlej bulion warzywny i syrop z agawy, doprowadź do wrzenia, zmniejsz ogień i podgrzewaj do czasu, aż grzybowe klopsy się upieką.
6. Wyjmij upieczone klopsy z piekarnika i włóż je na patelnię z sosem i wymieszaj, aby równo je obtoczyć.
7. Podawaj na ciepło, przybrane mozzarellą, na tostowanych bułkach.

Kanapka z filetem z ryby (NW) (2 porcje)

450 g dorsza
1/4 łyżeczki soli morskiej
1 duże lekko roztrzepane jajo
1/2 szklanki mąki orkiszowej
1 łyżeczka sproszkowanego czosnku

1 łyżeczka oliwy
4 bułki Ezechiela lub orkiszowe
1 szklanka sałaty rzymskiej porozdzieranej

Sos:
1 pojemnik (165 ml) gęstego jogurtu greckiego
1 łyżka posiekanej lub zmielonej cebuli
sól morska do smaku
1 łyżka posiekanego świeżego kopru
2 łyżeczki startej skórki z cytryny

1. Posól dorsza i pokrój na cztery porcje. Do jednej dużej salaterki o płaskim dnie wlej roztrzepane jajo, a do drugiej wsyp mąkę i czosnek w proszku. Zamaczaj filety rybne najpierw w roztrzepanym jaju, a potem obtaczaj w mące. Odsyp nadmiar mąki i ułóż je na czystym talerzu.

2. Wlej oliwę na wysoką patelnię ustawioną na średnim ogniu. Kiedy będzie gorąca, włóż wszystkie porcje ryby jednocześnie, zachowując między nimi pięciocentymetrowy odstęp. Smaż przez około 4 minuty na każdej stronie, aż ryba stanie się matowa i zacznie się w środku rozwarstwiać.

3. Opiecz bułki i przygotuj sos jogurtowy, umieszczając w średniej salaterce jogurt, cebulę, sól, koper i skórkę z cytryny, a następnie mieszając je ze sobą. Nałóż sos na każdą połówkę bułki, przybierz sałatą rzymską i dodaj usmażoną rybę.

PORADA

Uważaj na rybę, kiedy się smaży, żeby się nie przypaliła. Aby to tego nie dopuścić, być może trzeba będzie odwrócić ją na drugą stronę dwa razy. A gdy potrzeba więcej oliwy, dodaj po łyżeczce naraz.

Opiekany ser z bekonem (2 porcje)

1 łyżeczka oliwy
4 plastry bekonu z indyka (bez azotanów i konserwantów)
4 szklanki szpinaku
4 tostowane kromki chleba owsianego
4 łyżeczki masła ghee
1/2 szklanki utartej mozzarelli

1. Rozgrzej piekarnik lub opiekacz do temperatury 100°C.
2. Smaż bekon na oliwie na patelni przez 1–2 minuty z każdej strony. Osącz z tłuszczu na papierowym ręczniku i trzymaj w ciepłym piekarniku, dzięki temu nadal będzie chrupki.
3. Smaż szpinak na tej samej patelni na średnim ogniu przez 1–2 minuty, aby liście nieco straciły jędrność.
4. Posmaruj masłem ghee równo wszystkie kromki chleba z jednej strony. Dodaj bekon, szpinak i ser na suchą stronę i przykryj drugą kromką tosta posmarowanego masłem, aby obie zewnętrzne strony były natłuszczone. Opiekaj na patelni, aż lekko się zrumienią z obu stron, a ser się roztopi.
3. Przekrój na pół i podawaj na ciepło.

Sałatka z zieleniny i fasoli (NW) (4 porcje)

1 główka eskarioli
1/2 szklanki fasoli pinto, gotowanej lub z puszki, przepłukanej i osączonej
2 szklanki groszku w strączkach
4 szklanki fasolki szparagowej

Dressing:
1 łyżka posiekanej mięty
1 łyżka świeżo wyciśniętego soku z limety
1/8 łyżeczki mielonego kminu rzymskiego
1 ząbek czosnku przepuszczony przez praskę

1/2 łyżeczki miodu
1/4 szklanki oliwy
sól morska do smaku

1. Umyj eskariolę i osusz. Porozdzieraj na kawałki wielkości kęsa i wrzuć do dużej salaterki, dodaj fasolę pinto i odstaw na bok.
2. Gotuj groszek w strączkach i fasolkę szparagową przez 3 minuty i wrzuć do dużej miski z lodowatą wodą, aby przerwać proces gotowania. Połóż groszek i fasolkę na papierowym ręczniku, aby je osuszyć, po czym dodaj do eskarioli.
3. Przyrządź dressing, roztrzepując miętę z sokiem z limety, kminem, czosnkiem, miodem, oliwą i solą morską w miseczce. Skrop sałatkę i podawaj.

Liście mniszka z pieczonymi warzywami korzeniowymi i chrzanowym dressingiem (NW) (4 porcje)

1 surowy burak
*3 małe marchewki w trzech kolorach**
2 średnie pasternaki
2 łyżeczki oliwy
2 pęczki liści mniszka
sól morska do smaku

Dressing:
1/4 szklanki świeżo startego korzenia chrzanu
1/4 szklanki oliwy
1 łyżka świeżej bazylii
2 łyżki świeżo wyciśniętego soku z cytryny
sól morska do smaku

1. Rozgrzej piekarnik do temperatury 190°C.
2. Obierz buraka, marchew oraz pasternak. Pokrój buraka w kostkę o boku około 1 cm, marchewkę i pasternak potnij w plasterki po-

* Jeśli nie możesz dostać marchwi w trzech kolorach, użyj zwykłej.

dobnej wielkości. Wymieszaj je z oliwą, przyprawiając solą morską. Ułóż w jednej warstwie na blasze do pieczenia i piecz przez 55–60 minut, w połowie tego czasu mieszając.

3. Aby przygotować dressing, obierz korzeń chrzanu i zetrzyj. Wrzuć do salaterki i dodaj oliwę, bazylię, sok z cytryny oraz sól morską. Roztrzep wszystkie składniki, aby dobrze się połączyły.

4. Wymieszaj liście mniszka z dressingiem chrzanowym w dużej salaterce, na nich ułóż pieczone warzywa i podawaj.

Sałatka grecka z pieczonymi karczochami (NW)

(4 porcje)

1 szklanka pokrojonych serc karczochów
1 łyżeczka oliwy
sól morska do smaku
6 szklanek sałaty rzymskiej
1/2 szklanki pokruszonej fety

Dressing:
1 łyżka świeżego oregano
2 łyżki świeżo wyciśniętego soku z cytryny
3 łyżki oliwy
sól morska do smaku

1. Rozgrzej piekarnik do temperatury 190°C.

2. Ułóż karczochy na blasze do pieczenia, skrop łyżeczką oliwy, posól i piecz przez 25 minut na górnej półce piekarnika.

3. Wyjmij z piekarnika i odstaw do ostygnięcia.

4. Wymieszaj składniki na dressing (oregano, sok z cytryny, oliwę i sól) w dużej salaterce i odstaw na bok.

5. Umyj sałatę i osusz, porozdzieraj, wrzuć do salaterki. Dodaj pieczone karczochy i fetę. Wymieszaj z dressingiem.

Sałatka z łososia na liściach cykorii (NW)
(2 porcje)

1 czerwona cykoria
250 g ugotowanego łososia
3 łyżki posiekanego szczypiorku
1/2 łyżeczki soli morskiej
1/2 szklanki gotowanego groszku
1/2 szklanki drobno posiekanych jabłek
1 łyżeczka miodu
1 łyżeczka posiekanego świeżego oregano
starta skórka i sok z 1 cytryny
1/4 szklanki oliwy

1. Obierz cykorię z kilku zewnętrznych liści i je wyrzuć. Zdejmuj delikatnie kolejne wewnętrzne liście, urywając je u podstawy, aby zachować je w całości. Umyj w zimnej wodzie i osusz na papierowym ręczniku.
2. Rozdrobnij łososia w salaterce i dodaj szczypiorek, sól, groszek oraz jabłka.
3. Przygotuj dressing, mieszając miód z oregano, sokiem i startą skórką z cytryny oraz oliwą. Skrop nim pastę łososiową i nałóż ją na umyte liście cykorii.

Pizza sałatkowa (4 porcje)

1/4 szklanki startego twardego sera koziego
2 szklanki rozmrożonych serc karczochów
1 główka brokułów
1 łyżeczka oliwy
sól morska do smaku
2 szklanki rzeżuchy
1/4 szklanki startej marchwi
1 łyżka blanszowanych migdałów w płatkach

Spód z ciasta:
Kupiony w sklepie spód do pizzy z orkiszu lub bezglutenowy z mąki z brązowego ryżu (z dozwolonych zbóż)

Dressing:
1 łyżka świeżego soku z cytryny
1 łyżeczka posiekanej lub zmielonej cebuli
1 łyżeczka oliwy
2 łyżeczki świeżego oregano

1. Rozgrzej piekarnik do temperatury 190°C.
2. Ułóż na blacie pizzy starty kozi ser i piecz przez 5 minut, aż nieco się rozpuści. Wyjmij z piekarnika i ostudź.
3. W tym czasie pokrój karczochy na ćwiartki i osusz. Potnij brokuły na różyczki i ułóż na blasze do pieczenia wraz z karczochami. Skrop oliwą i posól. Zwiększ temperaturę piekarnika do 200°C. Piecz warzywa przez 20 minut. Brokuły i karczochy przyrumienią się na brzegach i nadal będą miały jasny kolor. Ostudź je.
4. Ubij razem wszystkie składniki na dressing i wymieszaj z rzeżuchą, marchwią, karczochami, brokułami i migdałami. Rozłóż tak przygotowaną sałatkę na blacie pizzy z serem i podawaj na zimno.

Pieczony falafel (NW) (4 porcje)

1 i 1/2 szklanki namoczonej w wodzie fasoli adzuki (nie może być z puszki ani wstępnie ugotowana)
1 łyżka oliwy w dawce podzielonej
1/2 szklanki posiekanej natki pietruszki
2 łyżki mąki owsianej
1 szklanka posiekanej cebuli
2 ząbki czosnku przepuszczone przez praskę
1/4 łyżeczki mielonej kolendry
1/4 łyżeczki mielonego kminu rzymskiego
1/2 łyżeczki soli morskiej

1. Namocz suchą fasolę na noc w zimnej wodzie. Odcedź i przepłucz.

2. Gotuj namoczoną fasolę przez 30 minut, odcedź i przepłucz wodą. Fasola nie będzie jeszcze zupełnie miękka i dzięki temu nada falafelowi odpowiednią konsystencję. Ułóż fasolę na papierowym ręczniku, by ją osuszyć.

3. Rozgrzej piekarnik do 180°C. Posmaruj 1–2 łyżeczkami oliwy blachę do pieczenia.

4. Włóż do robota kuchennego osuszoną podgotowaną fasolę oraz pozostałe składniki: natkę pietruszki, mąkę, cebulę, czosnek, kolendrę, kmin i sól. Zmiksuj na gęstą pastę. Nakładaj po łyżce masy na dłoń, formuj z niej kulki i kładź je na natłuszczonej blasze do pieczenia. Kiedy zużyjesz całą masę, posmaruj resztą oliwy kulki falafela i piecz w piekarniku przez 25 minut.

5. Po upływie tego czasu zwiększ temperaturę piekarnika do 200°C i piecz dalej przez 15 minut. Podawaj na sałatce greckiej z pieczonymi karczochami (zob. str. 57).

Surówka z jarmużu z cytrusowym dressingiem z limety (NW) (6 porcji)

1 główka jarmużu
2 łyżeczki oliwy
1 duża biała cebula pokrojona w plasterki
1/2 szklanki rodzynek

Dressing:
2 łyżki oliwy
sok z 2 limet
1 ząbek czosnku przepuszczony przez praskę
1/8 łyżeczki mielonego kminu rzymskiego
sól morska do smaku

1. Umyj jarmuż i osusz na papierowym ręczniku. Zedrzyj liście ze zdrewniałych łodyg: trzymając łodygę jedną ręką, obejmij ją kciu-

kiem i palcem wskazującym drugiej dłoni, a następnie pociągnij szybko w dół. Wyrzuć łodygi. Listki podrzyj na małe kawałki. Włóż je do dużej salaterki i odstaw na bok.

2. Smaż cebulę przez 3–4 minuty na 2 łyżeczkach oliwy na patelni ustawionej na średnim ogniu. Dodaj rodzynki i podgrzewaj dalej przez 5 minut. Zdejmij z ognia i wymieszaj z surowym jarmużem.

3. W niewielkiej miseczce wymieszaj składniki na dressing: 2 łyżki oliwy z sokiem z limet, czosnkiem, kminem oraz solą. Skrop dressingiem jarmuż i wymieszaj.

4. Podawaj z resztkami pieczonego łososia, ciepłego lub schłodzonego, pieczonym kurczakiem lub fasolą, by wzbogacić posiłek w białko.

Chrupiąca kalarepa w papierze ryżowym z czereśniowym dipem (NW) (2 porcje)

1 kalarepa, bulwa i liście
3 marchewki w trzech różnych kolorach
2 łyżeczki oliwy
1/4 szklanki drobno posiekanej cebuli
1/4 szklanki świeżej bazylii pokrojonej na dłuższe kawałki
sól morska do smaku
4 duże papiery ryżowe do zawijania

Dip czereśniowy:
1/3 szklanki dżemu czereśniowego (lub wiśniowego) bez cukru
1 łyżka świeżo startego imbiru
1 łyżka drobno posiekanej cebuli
1 łyżeczka syropu z agawy
sok z połowy cytryny
sól morska do smaku

1. Przygotuj kalarepę, odrywając liście od łodyg, a potem umyj liście i osusz na papierowym ręczniku. Obierz bulwę ze skóry i odetnij twardy czubek oraz spód. Pokrój kalarepę w cienkie słupki i odstaw na bok. Obierz marchew i potnij ją w podobny sposób.

2. Smaż cebulę na oliwie przez 5–6 minut na patelni ustawionej na średnim ogniu. Dorzuć liście kalarepy i smaż przez kolejne 2 minuty. Zdejmij z ognia i odstaw do ostygnięcia.

3. Dodaj marchew, pokrojoną bulwę kalarepy i bazylię do podsmażonych warzyw i wymieszaj.

4. Wlej gorącą wodę do połowy dużej salaterki o płaskim dnie. Zanurzaj papier ryżowy w wodzie, po jednym naraz, do czasu aż zmięknie i stanie się podatny na zginanie (mniej więcej na 30 sekund). Papier ryżowy bywa kruchy, a więc obchodź się z nim ostrożnie! Połóż miękki papier ryżowy na desce do krojenia i nałóż na środek około 2 łyżki mieszaniny warzywnej. Złóż najpierw boki papieru na warzywa, potem z drugiej strony, a następnie zroluj całość. Przekrój na pół i powtórz te czynności, aż zużyjesz resztę farszu.

5. Sos czereśniowy: włóż wszystkie przeznaczone na niego składniki do małego rondla: dżem czereśniowy, imbir, cebulę, syrop z agawy, sok z cytryny oraz sól morską. Mieszaj na ogniu przez 1–2 minuty, aż się podgrzeją i roztopią.

6. Podawaj zawijane warzywa z dipem czereśniowym.

Charakterystyczny składnik: kalarepa

Jest krucha i umiarkowanie słodka, a w konsystencji przypomina jabłka odmiany Granny Smith. Kalarepa należy do rodziny kapustnych, a w smaku bliska jest brokułom, tyle że bardziej łagodna i lekko słodka. Wygląda jak burak, ale rośnie nad powierzchnią ziemi i zawiera mnóstwo składników odżywczych cennych dla osób z grupą krwi A. Z bulwy wyrastają długie łodygi z liśćmi na górze, które również są jadalne. Kalarepę można jeść na surowo lub gotowaną.

Tarta z fetą, szpinakiem i broccolini (NW) (6 porcji)

Podstawa z ciasta:

1 szklanka mąki orkiszowej i trochę do rozwałkowania ciasta
1/4 łyżeczki soli morskiej

4 łyżki zimnego masła ghee
4–5 łyżek lodowatej wody

Farsz:
2 łyżeczki oliwy
4 szklanki młodego szpinaku
1/2 szklanki posiekanej białej cebuli
2 szklanki posiekanych broccolini
1 szklanka pokruszonej fety
2 duże jaja
1/3 szklanki bulionu warzywnego (zob. str. 168)
2 łyżki świeżego tymianku
sól morska do smaku

1. Rozgrzej piekarnik do temperatury 190°C.

2. Przygotuj podstawę z ciasta, mieszając mąkę orkiszową z solą. Potnij zimne masło na kawałeczki i dodaj do mąki. Za pomocą wykrawarki do ciasta lub dwóch nożyków do masła, przesuwanych w przeciwnych kierunkach, zagniataj masło z mąką, aż masa zacznie przypominać grubą kaszę kukurydzianą. Wlej zimną wodę, po łyżce naraz, aż ciasto się zespoli, ale nie będzie lepkie. Zbierz je rękami i zagniataj, aż stanie się gładkie i elastyczne, choć nadal powinny być w nim widoczne drobinki ghee. Przykryj ciasto i wstaw do lodówki na godzinę.

3. Rozwałkuj ciasto na blacie posypanym mąką, aby powstało koło o średnicy około 30 cm i grubości 3 mm. Ułóż je w formie do tarty o średnicy 23 cm i delikatnie w nią wciśnij, a potem zagnieć brzegi dwoma palcami.

4. Podpiecz wstępnie formę z ciasta przez 15 minut, zanim włożysz nadzienie.

5. W tym czasie przygotuj farsz. Smaż szpinak, cebulę i broccolini na oliwie na dużej patelni ustawionej na średnim ogniu przez około 4 minuty, aż warzywa lekko zmiękną. Przełóż je do dużej salaterki, wymieszaj z fetą i odstaw do ostygnięcia.

6. W innej salaterce ubij jaja z bulionem warzywnym, tymiankiem i solą. Polej tym ostudzone warzywa i wymieszaj.

7. Wlej nadzienie na wstępnie upieczoną formę z ciasta i piecz przez 30 minut lub do czasu, aż farsz się zetnie.

8. Podawaj na ciepło lub zimno (chcąc podać zimne, ostudź, a potem wstaw do lodówki do czasu podania).

Charakterystyczny składnik: broccolini

Broccolini wyglądają jak wydłużone i bardziej delikatne brokuły. Mają nieco łagodniejszy smak i są o wiele smaczniejsze, gdy się je smaży, piecze lub grilluje. Wydaje mi się, że najlepiej łączyć je z oliwą i czosnkiem. Często myli się je z rappini (brokułami rabe), które są o wiele bardzie gorzkie i mniej atrakcyjne dla większości osób.

Duszony bób (NW) (4 porcje)

2 łyżeczki oliwy
1 szklanka posiekanej cebuli
1 seler korzeniowy, obrany i pokrojony w kostkę o boku około 0,6 cm
2 szklanki słodkich ziemniaków pokrojonych w kostkę o boku około 1,2 cm
4 szklanki bobu przepłukanego i osączonego
1 i 1/2 szklanki bulionu warzywnego (zob. str. 168)
1 ząbek czosnku
1 gałązka szałwii
4 gałązki tymianku
1 łyżeczka soli morskiej
2 szklanki groszku cukrowego

1. Podgrzej oliwę w brytfannie na średnim ogniu. Wrzuć pokrojoną cebulę oraz seler i smaż przez 4–5 minut. Dorzuć słodkie ziemniaki i smaż przez następne 2–3 minuty. Dodaj bób, bulion, czosnek, szałwię, tymianek i sól, doprowadź do lekkiego wrzenia, a potem zmniejsz ogień i duś przez 30 minut.
2. Dodaj groszek cukrowy i gotuj jeszcze przez 5 minut.
3. Podawaj na ciepło.

Obiad

Ten rozdział zawiera najwięcej przepisów. Są tu różne potrawy, od dań makaronowych po rybne i z owocami morza, jednogarnkowe i wiele innych. Większość przepisów jest prosta, a inne wymagają nieco więcej czasu, by je przygotować. Mam nadzieję, że prezentowane tutaj dania zainspirują cię do tego, by cieszyć się tym smakowitym i zdrowym jedzeniem z pożytkiem dla siebie i twojej rodziny.

Makaron z serem i pieczonymi warzywami (NW)

(6 porcji)

1 por
1 duża główka brokułów
1 łyżka oliwy
5 gałązek tymianku
sól morska do smaku
1 łyżka i 2 łyżeczki masła ghee, dodawane oddzielnie
2/3 szklanki bułki tartej (str. 169)
2 łyżki mąki orkiszowej
2 szklanki bulionu warzywnego (str. 168)
1 szklanka mleczka migdałowego
2 gałązki świeżej szałwii
450 g makaronu orkiszowego lub z brązowego ryżu
1 szklanka startej mozzarelli
1/2 szklanki świeżej mozzarelli pokrojonej w kostkę

1. Rozgrzej piekarnik do temperatury 190°C.

2. Przekrój pora wzdłuż na pół, opłucz w bieżącej wodzie, aby pozbyć się wszelkiego brudu zalegającego między poszczególnymi warstwami, i osusz na papierowym ręczniku. Potnij następnie na półksiężyce grubości 2,5 cm. Brokuły porwij na kawałki wielkości kęsa. Zerwij listki z gałązek tymianku. Połóż warzywa na blasze do pieczenia, skrop oliwą, rozrzuć na nich tymianek i posól. Piecz przez 30 minut, aż będą miękkie i lekko przyrumienią się na brzegach.

3. W tym czasie wymieszaj bułkę tartą z 2 łyżeczkami roztopionego masła ghee i szczyptą soli morskiej, po czym odstaw na bok.

4. Przygotuj zasmażkę, roztapiając łyżkę ghee w rondlu i mieszając je z mąką, aż powstanie pasta. Stopniowo wlej do niej bulion warzywny i mleczko migdałowe, stale ubijając, aby nie powstały grudki. Dodaj szałwię i doprowadź do wrzenia, stale mieszając. Zmniejsz ogień i podgrzewaj do czasu, aż zasmażka zgęstnieje – około 10 minut. Posól do smaku.

5. Ugotuj makaron według instrukcji podanych na opakowaniu. Jeśli używasz makaronu z brązowego ryżu, gotuj go tylko przez 8 minut (nieco krócej niż podano). Odcedź i przełóż do żaroodpornego naczynia. Wymieszaj z pieczonymi warzywami. Zalej makaron sosem (zasmażką) i dodaj szklankę startej mozzarelli, mieszając, by połączyć ser z sosem. Przybierz bułką tartą i 1/2 szklanki mozzarelli pokrojonej w kostkę.

6. Zapiekaj przez 20–25 minut. Makaron z serem stanie się gorący i będzie wrzeć, a znajdująca się na wierzchu bułka tarta się przyrumieni.

Wiosenny makaron z pesto (NW) (6 porcji)

pęczek szparagów
2 duże pęczki jarmużu dodawane w częściach
1/2 szklanki plus 3 łyżeczki oliwy
sól morska do smaku
450 g makaronu orkiszowego lub z brązowego ryżu
1 cytryna, sok i skórka, dodawane oddzielnie
1/2 szklanki orzechów włoskich

2 ząbki czosnku przepuszczone przez praskę
3 plasterki bekonu z indyka
2 szklanki ugotowanego groszku

1. Rozgrzej piekarnik do temperatury 190°C.
2. Przełam szparagi blisko dolnego końca i wyrzuć zdrewniałe łodygi. Pokrój na kawałki wielkości kęsa i wymieszaj w dużej salaterce z 1 i 1/2 pęczka jarmużu porozdzieranego na spore kawałki. Wymieszaj z 2 łyżeczkami oliwy i szczyptą soli.
3. Ułóż warzywa na blasze i piecz przez 12 minut lub do czasu, aż będą miękkie, a brzegi jarmużu staną się lekko kruche.
4. Ugotuj makaron według instrukcji na opakowaniu. Gdy używasz makaronu z brązowego ryżu, odcedź go 4–5 minut wcześniej, niż podano.
5. Tymczasem przygotuj pesto, wkładając resztę jarmużu (około 2 i 1/2 szklanki porozdzieranego) do robota kuchennego wraz z 1/2 szklanki oliwy, sokiem z 1 cytryny, orzechami włoskimi, czosnkiem oraz solą i miksując na jednolitą papkę. Przełóż do salaterki i odstaw na bok.
6. Smaż bekon na patelni na 1 łyżeczce oliwy, aż stanie się chrupiący, po około 2 minuty na każdej stronie. (Owiń papierowym ręcznikiem i trzymaj w ciepłym piekarniku nagrzanym do temperatury 90°C do czasu podania; dzięki temu pozostanie kruchy).
7. Odcedź makaron i włóż do dużej salaterki. Wymieszaj od razu z pesto, a następnie z groszkiem i pieczonymi warzywami.
8. Na koniec dodaj rozdrobniony bekon i podawaj na ciepło.

Gnocchi z dyni z sosem bazyliowo-żurawinowym (NW) (4 porcje)

2 szklanki organicznej dyni z puszki
3/4 szklanki mąki z brązowego ryżu
1/4 szklanki mąki z prosa
1 łyżeczka soli morskiej
1 duże roztrzepane jajo
1/4 łyżeczki świeżo zmielonej gałki muszkatołowej

Sos:

1 łyżka oliwy
1 łyżeczka masła ghee
1/4 szklanki drobno posiekanej szalotki
1/2 szklanki bulionu warzywnego (zob. str. 168)
1 łyżka soku z cytryny
1/4 szklanki suszonych żurawin
1/2 szklanki porozdzieranej świeżej bazylii

1. W dużej salaterce rozgnieć dynię i wymieszaj z resztą składników na gnocchi: mąką z brązowego ryżu, mąką z prosa, solą morską, jajem i gałką muszkatołową. Uformuj rękami kulę ciasta. Jeżeli jest zbyt lepkie, posyp je większą ilością mąki z brązowego ryżu. Biorąc po garści ciasta naraz, rozwałkuj je na blacie posypanym mąką na długie wałki o średnicy około 2 cm. Powtarzaj te czynności, aż zużyjesz całe ciasto.
2. Ostrym nożem potnij wałki z ciasta na kawałki długości 2,5 cm. Zroluj wszystkie gnocchi tyłem widelca, robiąc na nich wgłębienia.
3. Zagotuj duży garnek osolonej wody, by lekko wrzała. Wrzucaj gnocchi do wody małymi partiami, aby nie było ich za dużo naraz. Po ugotowaniu (czyli po około 2–3 minutach) wypłyną na powierzchnię. Wyjmuj je na blachę, aż ugotujesz wszystkie.
4. W tym czasie przygotuj sos: smaż szalotki na oliwie i maśle ghee na średnim ogniu przez 2–3 minuty, a potem dodaj bulion warzywny, żurawinę i sok z cytryny.
5. Wymieszaj gnocchi z sosem, aby je obtoczyć. Przybierz bazylią i podawaj ciepłe.

Makaron carbonara z kruchym jarmużem (NW)

(6 porcji)

450 g makaronu orkiszowego lub z brązowego ryżu
2 łyżeczki oliwy
1/2 szklanki posiekanej cebuli
4 plasterki bekonu z indyka
3 szklanki posiekanego buraka liściowego (boćwiny)

3 szklanki posiekanego czerwonego jarmużu
2 duże jaja
2 duże żółtka
1/2 szklanki wody z gotowania makaronu
1/4 szklanki mleczka sojowego lub migdałowego
1/2 szklanki sera ricotta
sól morska do smaku

1. Ugotuj makaron według instrukcji podanych na opakowaniu (makaron ryżowy gotuj o 4 minuty krócej niż podano). Odcedzając go, zachowaj 1/2 szklanki wody z gotowania.

2. Tymczasem smaż cebulę przez 4–5 minut na oliwie na dużej wysokiej patelni. Wrzuć bekon z indyka i smaż, aż się przyrumieni. Wyjmij go i odłóż na bok. Dodaj na tę samą patelnię boćwinę oraz jarmuż i smaż, aż zmiękną – przez około 3–4 minuty. Wrzuć bekon z powrotem na patelnię i podgrzej go na zmniejszonym ogniu.

3. Ubij jaja w salaterce z żółtkami, mleczkiem sojowym lub migdałowym, serem ricotta i solą. Powoli wlej gorącą wodę z gotowania makaronu, aby zahartować jaja.

Zestaw patelnię z ognia i wymieszaj jej zawartość ze świeżo ugotowanym makaronem, polewając jajeczną masą. Ciepło z makaronu podgrzeje jaja, tworząc sos.

4. Podawaj od razu.

Warzywna lazania (NW) (6 porcji)

5 średnich cukinii
6 ciemnych pieczarek
2 łyżki i 2 łyżeczki oliwy
1 i 1/2 łyżeczki soli morskiej, dodawane oddzielnie
1 szklanka drobno posiekanej cebuli
4 szklanki paczkowanego młodego szpinaku
2 szklanki półtłustego sera ricotta
1/2 szklanki drobno posiekanych orzechów włoskich
1 duże jajo
szczypta mielonych goździków
1 szklanka startej mozzarelli

Pesto:
2 szklanki paczkowanego młodego szpinaku
2 szklanki bazylii
1/2 łyżeczki soli morskiej
2 ząbki czosnku
1/4 szklanki soku z cytryny
1/4 szklanki oliwy
1/4 szklanki orzechów włoskich
2 łyżki wody

1. Rozgrzej piekarnik do temperatury 190°C.
2. Odetnij końcówki z cukinii i potnij cukinie na 4 długie kawałki, grubości 0,6 cm.
3. Ułóż cukinie i pieczarki w jednej warstwie na blasze do pieczenia. Skrop równo 2 łyżkami oliwy i posyp łyżeczką soli. Piecz na górnej półce piekarnika przez 20 minut.
4. W tym czasie zeszklij cebulę na rozgrzanej średniej patelni na 2 łyżeczkach oliwy przez 8–10 minut, aż będzie miękka i przezroczysta. Dodaj szpinak i podgrzewaj dalej przez minutę, aż straci jędrność. Zdejmij z ognia i odstaw na bok.
5. W dużej salaterce wymieszaj ser ricotta z orzechami włoskimi, goździkami, jajem i szpinakiem z cebulą.
6. Wyjmij warzywa z piekarnika i odstaw do ostygnięcia. Zmniejsz temperaturę piekarnika do 180°C.
7. Włóż wszystkie składniki na pesto (szpinak, bazylię, sól, czosnek, sok z cytryny, oliwę, orzechy włoskie i wodę) do pojemnika blendera i zmiksuj na papkę.
8. Przygotuj lazanię, rozkładając cienką warstwę pesto na dnie naczynia do pieczenia o wymiarach 23 x 28 cm. Dodaj warstwę pieczonej cukinii, masy z sera ricotta, 1/2 szklanki mozzarelli, pesto, pieczarki, znowu ricottę, pesto, resztę cukinii, ricotty, pesto i mozzarelli.
9. Piecz 25 minut, aż ser się roztopi i lekko zrumieni na wierzchu.
10. Podawaj na ciepło.

Grillowana cykoria z pesto ze szpinaku i z orzechów włoskich (NW) (4 porcje)

Aromatyzowana oliwa:

skórka z 1/2 cytryny
1/3 szklanki oliwy
1/8 łyżeczki sproszkowanej gorczycy
1/2 łyżeczki nasion kminu
2 ząbki czosnku przepuszczone przez praskę

Pesto:

1/4 szklanki plus 2 łyżki prażonych migdałów dodawanych partiami
2 łyżki oliwy
2 łyżki posiekanej świeżej szałwii
1 szklanka posiekanego szpinaku
2 łyżki soku z cytryny
1 łyżeczka skórki z cytryny
1/2 łyżeczki soli morskiej
1 łyżka wody

2 główki cykorii czerwonej
350 g szpinakowego makaronu orkiszowego

1. Podgrzej na małej patelni wszystkie składniki do przygotowania aromatyzowanej oliwy: skórkę z cytryny, oliwę, gorczycę, kmin oraz czosnek. Smaż na małym ogniu przez 15 minut. Wyjmij z patelni i odstaw na bok.

2. Wymieszaj w robocie kuchennym składniki na pesto: 1/4 szklanki migdałów, oliwę, szałwię, szpinak, sok i skórkę z cytryny, sól morską i wodę. Miksuj, aż powstanie papka przypominająca gęsty sos.

3. Ugotuj makaron według instrukcji podanych na opakowaniu.

4. W tym czasie rozgrzej patelnię grillową na średnim ogniu i posmaruj ją aromatyzowaną oliwą. Usuń zewnętrzne liście z cykorii i potnij każdą na cztery części. Posmaruj wszystkie ćwiartki aromatyzowaną oliwą i opiekaj cykorię przez około minutę na każdej stronie lub do czasu, aż nieco zmięknie.

5. Odcedź makaron i wymieszaj z pesto w dużej salaterce. Przybierz grillowaną cykorią i resztą uprażonych migdałów. Podawaj od razu.

PORADA

Aromatyzowaną oliwę przechowuj w szklanym zamykanym pojemniku w zimnym i suchym miejscu do tygodnia. Świetnie nadaje się do sałatek lub skrapiania tostów.

Makaron z duszonym łososiem w kremowym sosie bazyliowym (NW) (4 porcje)

2 szklanki bulionu warzywnego (str. 168)
2 szklanki wody
700 g łososia
1 cytryna pokrojona w plasterki
450 g makaronu orkiszowego
ostra musztarda jako dodatek (niekoniecznie)

Sos bazyliowy:
2 szklanki szpinaku
1 szklanka bazylii
1 ząbek czosnku przepuszczony przez praskę
1 szklanka ugotowanej białej fasoli przepłukanej i osączonej
2 łyżeczki startej skórki z cytryny
1/2 szklanki bulionu warzywnego

1. Wlej bulion warzywny oraz wodę na wysoką patelnię i dodaj plasterki cytryny. Doprowadź do wrzenia i włóż łososia. Przykryj i gotuj przez 12–15 minut.
2. W tym czasie ugotuj makaron według instrukcji podanych na opakowaniu.
3. Przyrządź sos, miksując za pomocą robota kuchennego lub miksera wszystkie przeznaczone na niego składniki: szpinak, bazylię, czosnek, fasolę, startą skórę z cytryny i bulion warzywny.
4. Odcedź makaron i wymieszaj prawie z całym sosem bazyliowym, pozostawiając 1/4 szklanki. Dodaj łososia i skrop resztą sosu oraz ostrą musztardą, jeśli chcesz.
5. Podawaj od razu.

Placki z łososia i czarnej fasoli z kremowym sosem kolendrowym (NW) (4 porcje)

450 g dzikiego łososia ugotowanego
1 szklanka ugotowanej czarnej fasoli, przepłukanej i osączonej
1 łyżeczka posiekanej dymki
1 łyżeczka świeżego rozmarynu
1 łyżeczka świeżego tymianku
sól morska do smaku
1 duże jajo lekko roztrzepane
*1/2 szklanki bułki tartej**
2 łyżeczki oliwy

Sos:
2 łyżki orzechów włoskich
2 łyżki oliwy
2 łyżki gorącej wody
1/4 szklanki świeżej kolendry
sól morska do smaku

1. Rozdrobnij łososia w salaterce i starannie wyjmij wszystkie ości. Dodaj fasolę, dymkę, rozmaryn, tymianek oraz sól. Delikatnie wymieszaj z jajem i bułką tartą.

2. Rozgrzej patelnię na średnim ogniu i wlej oliwę. Uformuj z masy rybnej kulki wielkości piłki do baseballa i utwórz z nich placki.

3. Smaż przez 3–4 minuty, przełóż na drugą stronę i smaż przez kolejne 3–4 minuty.

4. Za pomocą małego robota kuchennego rozdrobnij orzechy włoskie na pastę. Następnie dodaj oliwę i 2 łyżki gorącej wody, wciąż miksując. Kiedy masa nabierze jednolitej konsystencji, dorzuć świeżą kolendrę oraz posól i zmiksuj na papkę

4. Podawaj placki z łososia na ciepło, skropione sosem kolendrowym.

---

* Zob. przepis na podstawową bezglutenową bułkę tartą (NW), str. 169.

Łosoś z imbirem i cytryną (2 porcje)

450 g filetów z dzikiego łososia
2 łyżeczki oliwy
1/2 łyżeczki soli morskiej
starta skórka z 1 cytryny
1 łyżka soku cytrynowego
2 łyżki świeżo startego imbiru
1 łyżeczka miodu

1. Rozgrzej piekarnik do temperatury 200°C.
2. Wetrzyj łyżeczkę oliwy w łososia i przypraw go solą morską.
3. W niewielkiej salaterce wymieszaj startą skórkę z 1 cytryny z łyżką soku cytrynowego, łyżeczką oliwy, imbirem i miodem. Tak przygotowaną mieszaninę rozsmaruj równo na filetach z łososia.
4. Piecz przez 10–12 minut. Podawaj z grillowaną kapustą *bok choy* z sezamem i imbirem (NW) (zob. str. 109).

Pieczona mahi-mahi z kruchą sałatką z fenkułu (NW) (2 porcje)

450 g ryby mahi-mahi
1/8 łyżeczki mielonej kolendry
1 łyżeczka świeżej skórki z cytryny
1/4 łyżeczki soli morskiej

Sałatka:
2 łyżeczki posiekanej natki pietruszki
2 łyżeczki oliwy
sól morska do smaku
1 łyżeczka startej skórki z cytryny
2 łyżeczki soku z cytryny
2 szklanki fenkułu pokrojonego w cienkie plasterki
1 szklanka jabłek Granny Smith pokrojonych w cienkie plastry

1. Rozgrzej piekarnik do temperatury 180°C.

2. Przypraw mahi-mahi kolendrą, skórką z cytryny i 1/4 łyżeczki soli morskiej. Piecz przez 12–15 minut lub do czasu, aż ryba stanie się biała i będzie się rozwarstwiać.

3. W tym czasie zacznij przygotowywać sałatkę z fenkułu, mieszając w salaterce składniki: natkę pietruszki z oliwą, solą morską (do smaku), startą skórką i sokiem z cytryny. Dodaj fenkuł oraz jabłko i wymieszaj z dressingiem.

4. Przełóż rybę na talerz, przybierz sałatką z fenkułu i podawaj od razu.

PORADA

Nie śpiesz się, gdy masz w ręku ostry nóż, bez względu na okoliczności. Pamiętaj, żeby podwijać palce, tak aby knykcie wystawały nieco poza zgięte czubki palców – wtedy nóż przesuwa się po krojonej żywności, nie czyniąc szkody, a kostki palców bezpiecznie go prowadzą.

Smażony tuńczyk z chutneyem z fig i bazylii (NW)

(2 porcje)

450 g steków z dzikiego tuńczyka
2 łyżki i 1 łyżeczka oliwy
1/2 łyżeczki soli morskiej
1/4 szklanki dżemu figowego
2 łyżki posiekanej świeżej bazylii
2 łyżeczki startej skórki z cytryny
2 łyżki soku z cytryny

1. Skrop tuńczyka łyżeczką oliwy i posól z obu stron.

2. W małej salaterce wymieszaj dżem figowy, bazylię, startą skórkę i sok z cytryny oraz resztę oliwy. Podgrzej chutney w rondelku na małym ogniu.

3. Rozgrzej patelnię na średnim ogniu, a gdy będzie gorąca, spryskaj oliwą w sprayu. Smaż tuńczyka przez półtorej minuty na każdej

stronie. Jeśli nie chcesz, aby był surowy w środku, podgrzewaj go przez 2–3 minuty na każdej stronie lub do czasu, aż usmaży się tak, jak chcesz.

4. Przybierz go chutneyem z fig i bazylii i podawaj.

Lucjan pieczony w pergaminie (NW) (4 porcje)

450 g lucjana (gatunek ryby, snapper), 4 filety
1/2 łyżeczki soli morskiej
2 łyżeczki posiekanego świeżego oregano
2 ząbki czosnku przepuszczone przez praskę
1/2 szklanki posiekanych zielonych oliwek (dla NW pominąć oliwki)
1 szklanka fenkułu pokrojonego w cienkie plastry
1 szklanka czerwonej cebuli pociętej w cienkie krążki
1 łyżka oliwy

1. Rozgrzej piekarnik do temperatury 180°C.
2. Wytnij z pergaminu 4 kawałki o wymiarach około 30 x 38 cm. Zegnij je na pół i wytnij z nich duże serca. Ułóż każdą porcję lucjana na jednej połowie serca z pergaminu, przypraw solą, oregano i czosnkiem.
3. Przybierz przyprawioną rybę oliwkami, plasterkami fenkułu i czerwonej cebuli i skrop każdą porcję łyżeczką oliwy.
4. Owiń rybę pergaminem, składając brzegi. Zacznij od zrolowania górnej części papierowego serca, zagnij krawędzie i zbierz końce pergaminu, by uszczelnić boki. Piecz na blasze przez 12–15 minut lub do czasu, aż ryba zacznie się rozwarstwiać, stanie się matowa i łatwo ją będzie rozdrobnić widelcem. Podawaj ciepłą.

Rybne *taco* z sałatką z fasoli i fenkułu (4 porcje)

450 g dorsza
1/2 łyżeczki czosnku w proszku
1/8 łyżeczki kminu rzymskiego

1/2 łyżeczki soli
1/4 łyżeczki przyprawy ze słodkiej papryki
2 łyżeczki oliwy
8 miękkich kukurydzianych placków taco (dla NW zastąpić małymi orkiszowymi)

Sałatka:
1 bulwa fenkułu pokrojona w cienkie plasterki
1 łyżka posiekanej świeżej mięty
1/2 łyżeczki startej skórki z cytryny
1 limeta, cząstki i sok
2 łyżeczki oliwy
1/2 szklanki ananasa pokrojonego w kosteczkę
1/4 łyżeczki soli morskiej

1. Pokrój rybę na kawałki wielkości kęsa i włóż do małej salaterki wraz z przyprawami: czosnkiem w proszku, kminem, solą, przyprawą paprykową i oliwą. Delikatnie wymieszaj. Marynuj w lodówce co najmniej przez 20 minut, przyrządzając w tym czasie resztę dania.
2. Wymieszaj wszystkie składniki przeznaczone na sałatkę w dużej salaterce. Wstaw do lodówki do czasu podania. (Pozostawienie sałatki na czas potrzebny do przyrządzenia reszty potrawy pozwoli jej nieco zmięknąć, a smakom się połączyć).
3. Gdy ryba się zamarynuje, wyjmij ją z lodówki. Posmaruj rozgrzaną patelnię oliwą. Opiekaj dorsza po 2–3 minuty na każdej stronie.
4. Ogrzej *taco*, opiekając je na dużej patelni przez minutę na każdej stronie na średnim ogniu. (Małe z orkiszu podgrzej, owijając je wilgotnym ręcznikiem papierowym i wkładając do opiekacza rozgrzanego do temperatury 75°C na 5 minut. Uważaj, żeby papier nie dotykał grzałki i pilnuj, aby nie wysechł). Wyjmując *taco* z patelni, zawiń je od razu w ściereczkę, by nie wystygły.
5. Ułóż *taco* na talerzu i nadziewaj rybą i sałatką z fenkułu.
7. Podawaj na ciepło.

Potrawka rybna (NW) (4 porcje)

1/4 szklanki wodorostów wakame
2 łyżeczki oliwy
1 szklanka posiekanego pora
1 bulwa fenkułu pokrojona w kostkę
1/2 łyżeczki kurkumy
1/2 łyżeczki nasion kopru włoskiego
2 liście laurowe
sól morska do smaku
2 puszki (ok. 180 g) papryki pimento
*1 szklanka bulionu warzywnego**
2 szklanki wody
350 g dorsza
250 g dzikiego łososia
2 szklanki ketmii pokrojonej w kostkę

1. Włóż wakame do salaterki z zimną wodą na 10 minut.
2. W garnku na zupę smaż pora z fenkułem na oliwie przez 4–5 minut na średnim ogniu. Przypraw kurkumą, nasionami kopru włoskiego, liśćmi laurowymi oraz solą do smaku.
3. Odcedź wakame, przepłucz i od razu dodaj do garnka z potrawą.
4. Osącz z zalewy paprykę pimento z puszki i osusz. Zmiksuj starannie za pomocą robota kuchennego. Dodaj otrzymany przecier i 2 liście laurowe do podsmażonych jarzyn i wakame w garnku, wlej bulion warzywny oraz wodę. Gotuj przez 30 minut.
5. W tym czasie pokrój dorsza i łososia na małe kawałki. Po 30 minutach gotowania potrawy dodaj do garnka ryby i podgrzewaj dalej przez 10 minut, aż się ugotują.
6. Podawaj na ciepło.

---

* Zob. przepis na bulion warzywny (NW), str. 168.

Charakterystyczny składnik: wakame

Jeśli jedliśmy kiedyś zupę miso, prawdopodobnie były w niej wakame (undaria pierzastodzielna). Te zasobne w składniki odżywcze wodorosty, uprawiane u wybrzeży Japonii, stosowane są jako słony dodatek do zup, gulaszów oraz innych potraw duszonych, a nawet sałatek. Najczęściej dostępne są w postaci suszonej, ale po namoczeniu nabierają ponownie ciemnozielonego koloru i aksamitnej faktury. Wakame mają łagodny smak, a zatem świetnie nadają się do tego, by od nich zacząć wprowadzać wodorosty do jadłospisu.

Paella rybna (6 porcji)

3 łyżki oliwy dodawane oddzielnie
2 szklanki drobno posiekanej cebuli żółtej
1 szklanka brukwi obranej i pokrojonej w kostkę
2 puszki (200 g) całej papryki pimento
1/4 szklanki posiekanej natki pietruszki
2 łyżeczki czosnku przepuszczonego przez praskę
1 i 1/2 szklanki brązowego długoziarnistego ryżu
15 nitek szafranu
sól morska do smaku
1 łyżeczka przyprawy ze słodkiej papryki
2 szklanki bulionu warzywnego (zob. str. 168)
1 szklanka wody
1 liść laurowy
2 łyżeczki świeżego oregano
350 g filetów z lucjana czerwonego (red snapper)
350 g filetów z dorsza
1 łyżeczka suszonego oregano

1. Rozgrzej piekarnik do temperatury 180°C.
2. W dużej brytfannie lub garnku do paelli smaż cebulę z brukwią na 2 łyżeczkach oliwy przez 6–7 minut na średnim ogniu. Dodaj paprykę pimento, natkę pietruszki oraz czosnek i smaż dalej przez 4–5 minut. Wyjmij z garnka i odłóż na bok.

3. Dodaj do tej samej brytfanny resztę oliwy i praż brązowy ryż przez 2 minuty, stale mieszając. Dorzuć szafran, sól morską i przyprawę z papryki.

4. Przełóż z powrotem wszystkie warzywa do garnka z ryżem i wymieszaj. Dodaj bulion warzywny, wodę, liść laurowy i świeże oregano. Doprowadź do wrzenia i przykryj. Wstaw do nagrzanego piekarnika na 45 minut.

5. W tym czasie pokrój lucjana i dorsza na kawałki długości 2,5 cm, a potem wymieszaj z suszonym oregano oraz solą morską.

6. Po 45 minutach pieczenia wyjmij brytfannę z piekarnika i włóż do niej kawałki ryb, a potem wstaw z powrotem do piekarnika na 12 minut.

7. Gotowe ryby powinny się rozwarstwiać i być matowe. Ryż będzie puszysty i miękki.

8. Podawaj na ciepło.

Piersi z kurczaka duszone w zielonej herbacie (NW)

(4 porcje)

8 torebek zielonej herbaty
450 g piersi z kurczaka, 4 porcje
1/2 cytryny pokrojonej
1/2 łyżeczki soli morskiej
1 szklanka świeżej natki pietruszki
sok z połówki cytryny
3 łyżki oliwy
1 ząbek czosnku
1 łyżka wody

1. Na wysokiej patelni zagotuj 4 szklanki wody i zaparzaj torebki z herbatą przez 3 minuty. Zmniejsz ogień do średniego i włóż piersi z kurczaka oraz pół cytryny pokrojonej w plasterki; posól. Przykryj i gotuj przez 18–20 minut lub do czasu, aż temperatura w środku mięsa sięgnie 80°C.

2. W tym czasie zmiksuj za pomocą robota kuchennego natkę pietruszki z sokiem z cytryny, oliwą, czosnkiem i łyżką wody na jednolitą papkę.

3. Podawaj piersi z kurczaka na ciepło, przybrane oliwą zmiksowaną z natką pietruszki.

Grillowane udka kurczaka z miętowym pesto (NW)

(4 porcje)

450 g udek z kurczaka, bez skóry (z hodowli z wolnego wybiegu)
sól morska do smaku
1/2 szklanki oliwy
3 posiekane ząbki czosnku

Pesto:
1/2 szklanki świeżego szpinaku
1 pęczek świeżej mięty
1 łyżeczka czosnku przepuszczonego przez praskę
1/4 szklanki oliwy extra virgin
1/2 łyżeczki soli morskiej
sok z 1 cytryny
1/4 szklanki surowych orzechów włoskich

1. Posól udka z kurczaka, włóż do szczelnie zamykanego szklanego pojemnika i marynuj w oliwie i czosnku, wstawiając do lodówki co najmniej na godzinę. Wyjmij z lodówki i doprowadź do temperatury pokojowej.
2. Włóż do robota kuchennego wszystkie składniki na pesto: szpinak, miętę, czosnek, oliwę, sól, sok z cytryny i orzechy włoskie i zmiksuj na jednolitą papkę.
3. Rozgrzej patelnię grillową na średnim ogniu i posmaruj oliwą. Pokrój udka z kurczaka na medaliony i opiekaj po 5–6 minut na każdej stronie.
4. Przybierz pesto i podawaj z risotto*.

---

* Zob. przepis na risotto z czarnego ryżu (NW), str. 122.

Zapiekanka z kurczaka z kruchym wierzchem (NW)

(8 porcji)

Nadzienie:
2 łyżeczki oliwy
1 szklanka cebuli perłowej
1 szklanka młodej marchwi pokrojonej w kostkę
1 szklanka zielonego groszku
1 szklanka posiekanej ketmii (okry)
2 łyżki mąki owsianej
3 i 1/4 szklanki rosołu z kurczaka
700 g pieczonej piersi z kurczaka
1/2 łyżeczki nitek szafranu
1/2 łyżeczki mielonej gorczycy

Dodatki:
2 szklanki karczochów jerozolimskich pokrojonych w kostkę
1 łyżeczka oliwy
*1/2 szklanki bułki tartej**
2 łyżki nasion sezamu
2 łyżeczki roztopionego masła ghee

Pokrywa z ciasta:
kupiona w sklepie gotowa pokrywa z ciasta z mąki orkiszowej lub razowej mąki pszennej (zawierająca dozwolone zboża)

1. Rozgrzej piekarnik do temperatury 190°C.
2. Wlej 2 łyżeczki oliwy do brytfanny ustawionej na średnim ogniu. Smaż cebulę, marchew, groszek i ketmię przez 5 minut. Posyp warzywa mąką i wlej rosół, mieszając, aby nie powstały grudki. Dodaj pieczonego kurczaka, szafran oraz mieloną gorczycę i wymieszaj. Przykryj i gotuj przez 15 minut, mieszając od czasu do czasu.
3. W tym czasie smaż karczochy jerozolimskie na 1 łyżeczce oliwy przez 3–4 minuty. Wyjmij z patelni i wymieszaj z bułką tartą oraz nasionami sezamu. Skrop roztopionym masłem ghee.

---

* Zob. przepis na podstawową bezglutenową bułkę tartą (NW), str. 169.

4. Zdejmij pokrywkę z brytfanny, dodaj wierzch z ciasta i przybierz mieszaniną z karczochów. Wstaw do piekarnika i piecz 25–30 minut, aż wierzch się zrumieni, a dodatki będą wrzeć.

5. Podawaj na ciepło.

Charakterystyczny składnik: karczochy jerozolimskie

Kruche i chrupiące karczochy jerozolimskie to warzywo korzeniowe z pięknymi żółtymi kwiatami przypominającymi słonecznik. Mają lekko słodki, orzechowy smak i można je przyrządzać podobnie jak ziemniaki lub pokroić w cienkie plasterki i smażyć. Dla grupy krwi A są smacznym oraz ciekawym nowym warzywem, po które warto sięgnąć.

Panierowane w ziołach piersi z indyka faszerowane szalotkami i figami (NW) (4 porcje)

1 łyżka świeżego oregano
2 łyżki świeżego tymianku
2 łyżki świeżej bazylii
1 łyżka oliwy w dawce podzielonej
1 łyżeczka plus 1 łyżka masła ghee
1/2 szklanki posiekanej szalotki
3/4 szklanki posiekanych fig (świeżych lub suszonych)
2 szklanki posiekanego jarmużu
1/2 szklanki miękkiego sera koziego
1 duża pierś z indyka bez kości
1 łyżka mąki z brązowego ryżu
1 szklanka bulionu warzywnego (zob. str. 168) lub rosołu z indyka

1. Rozgrzej piekarnik do temperatury 180°C.

2. Posiekaj drobno świeże zioła: oregano, tymianek oraz bazylię. Wrzuć je do małej salaterki i odstaw na bok.

3. Smaż szalotkę na patelni na średnim ogniu na 2 łyżeczkach oliwy i 1 łyżeczce masła ghee przez 2–3 minuty. Dorzuć figi oraz jarmuż i smaż dalej przez 4–5 minut. Zdejmij z ognia i wymieszaj z serem.

4. Przetnij pierś z indyka na pół, aby otrzymać dwie porcje. Przygotuj kieszenie na farsz, kładąc każdą pierś z indyka na desce do krojenia i ostrożnie nacinając mięso poziomo, ale nie do końca. Dzięki temu powstaje kieszeń, ułatwiająca nadziewanie. Nałóż połowę farszu z jarmużów do jednej piersi z indyka, a drugą połowę do pozostałej. Delikatnie je złóż i przymocuj wykałaczkami. Posyp nafaszerowane piersi ziołową mieszaniną z obu stron.

5. Rozgrzej żaroodporną patelnię na średnim ogniu i wlej na nią resztę oliwy. Obsmaż nadziewane piersi z obu stron – po 3–4 minuty na stronie, a potem piecz w piekarniku przez 8–10 minut lub do czasu, kiedy wypływające z nich soki będą przejrzyste, a temperatura w środku mięsa osiągnie 85°C.

6. Wyjmij piersi indycze z patelni i ułóż na desce do krojenia. Tymczasem postaw naczynie, w którym się piekły, na kuchence na średnim ogniu i włóż resztę masła i mąkę, mieszając, aż powstanie pasta. Powoli dolej bulion warzywny, stale ubijając, aby otrzymać sos pieczeniowy. Doprowadź do wrzenia i gotuj przez 2–3 minuty, aż sos będzie tak gęsty, że pokryje tył łyżki.

7. Pokrój piersi z indyka i skrop sosem. Podawaj ciepłe.

Polędwica z indyka w kruchej panierce z sosem morelowym (NW) (4 porcje)

2 wafle ryżowe
1 łyżeczka przyprawy ze słodkiej papryki
1/2 łyżeczki soli morskiej
1 duże jajo
2 łyżeczki mleczka migdałowego
4 polędwice z indyka
1 łyżka oliwy
spray do natłuszczania zapobiegający przywieraniu

Sos do maczania:
2 łyżeczki mielonej gorczycy
2 łyżki pasty morelowej bez cukru
1 łyżeczka soku z cytryny

1. Zmiel wafle ryżowe za pomocą robota kuchennego lub małego rozdrabniacza, aby przybrały postać okruszków. Przełóż je do płytkiej salaterki, dodaj przyprawę z papryki oraz sól i wymieszaj.

2. W innej płytkiej misce ubij jajo z mleczkiem migdałowym. Zanurz w nich mięso, a następnie obtocz z obu stron w pokruszonych waflach ryżowych.

3. Rozgrzej piekarnik do temperatury 190°C. Natłuść blachę do pieczenia oliwą w sprayu zapobiegającą przywieraniu potraw.

4. Podgrzej dużą żaroodporną patelnię na średnim ogniu, a kiedy będzie gorąca, wlej oliwę i przyrumień polędwicę – po około 5 minut na każdej stronie. Postaw na blasze i piecz w piekarniku, aż mięso będzie gotowe – przez około 8 minut lub do czasu, aż temperatura wewnątrz mięsa osiągnie 80°C.

5. Tymczasem przygotuj sos do maczania, mieszając gorczycę z pastą morelową i sokiem z cytryny.

6. Podawaj na ciepło.

PORADA

Jeśli nie masz żaroodpornej patelni, owiń po prostu plastikową rączkę zwykłej patelni folią aluminiową.

Łódeczki z cukinii z kiełbaskami z indyka (NW)

(6 porcji)

4 duże cukinie
2 łyżki oliwy w dawce podzielnej
1 łyżeczka nasion kopru włoskiego (fenkułu)
2 ząbki czosnku
1/4 łyżeczki sproszkowanej gorczycy
1 szklanka posiekanej cebuli
1 bulwa fenkułu pokrojona w kostkę
450 g chudego mielonego mięsa z indyka
1 łyżka świeżego tymianku

2 łyżki mąki owsianej
1 i 1/4 szklanki rosołu z kurczaka
1 puszka (200 g) papryki pimento
1 szklanka bułki tartej (str. 169)

1. Rozgrzej piekarnik do temperatury 200°C.
2. Przekrój cukinie wzdłuż na pół. Wybierz łyżką nasiona, starając się nie zagłębiać zbytnio w miąższ. Ułóż cukinie uciętą stroną na dół na blasze, skrop 2 łyżeczkami oliwy i piecz przez 20 minut.
3. W tym czasie podgrzej przez minutę na oliwie na średnim ogniu nasiona kopru włoskiego, czosnek i gorczycę w proszku, aby wydobyć z nich smak i aromat. Dorzuć cebulę oraz fenkuł i smaż przez około 4 minuty. Dodaj mielone mięso z indyka, rozdrabniając większe kawałki płaską drewnianą łyżką.
4. Gdy mięso się zrumieni, dodaj tymianek, posyp mąką i wymieszaj. Polej powoli masę mięsną rosołem, stale mieszając, dzięki czemu powstanie sos. Doprowadź go do wrzenia i zmniejsz ogień.
5. Zmiksuj paprykę pimento za pomocą małego rozdrabniacza, dodaj na patelnię i podgrzewaj dalej przez 5–6 minut lub do czasu, aż mięso będzie gotowe.
6. Wyjmij cukinie z piekarnika. Nałóż na nie masę z mięsa, posyp bułką tartą i skrop każdą łyżeczką oliwy. Wstaw je z powrotem do piekarnika i piecz przez 12 minut lub do czasu, aż zaczną parować z gorąca, a bułka tarta się przyrumieni.

Zapiekanka z siekanego mięsa indyka (NW)

(6 porcji)

3 łyżeczki oliwy
1 szklanka marchwi pokrojonej w kostkę
1 szklanka posiekanej cebuli
2 łyżki plus 1 łyżeczka świeżego tymianku
2 szklanki soku z marchwi
1 szklanka bulionu warzywnego (zob. str. 168)
1/8 łyżeczki soli morskiej plus nieco do smaku

700 g polędwicy z indyka
1 łyżka mąki ararutowej
2 łyżki zimnej wody
1/2 szklanki komosy ryżowej
1 szklanka pokrojonych szparagów
1 i 1/2 szklanki bułki tartej (zob. str. 169)
1/2 szklanki utartej mozzarelli

1. Podgrzej 2 łyżeczki oliwy w brytfannie ustawionej na średnim ogniu. Wrzuć marchew oraz cebulę i smaż przez 5 minut. Dodaj 2 łyżki tymianku, sok z marchwi, bulion warzywny oraz sól i trochę zamieszaj, a potem dodaj polędwicę z indyka. Doprowadź do wrzenia, zmniejsz ogień i gotuj na małym ogniu przez 1 i 1/2 godziny pod przykryciem.

2. Po tym czasie wyjmij mięso, połóż je na desce do krojenia i potnij na kawałki wielkości kęsa. Włóż z powrotem do garnka i zwiększ ogień do średniego, aby odparować nieco soku z marchwi. W małej salaterce rozpuść mąkę ararutową w 2 łyżkach zimnej wody i dodaj do garnka z mięsem. Wymieszaj, by zagęścić sos. Po 10 minutach wrzuć surową komosę i gotuj dalej przez 12 minut.

3. Wymieszaj bułkę tartą z łyżeczką oliwy, 1/8 łyżeczki soli i pozostałą łyżeczką świeżego tymianku. Połącz z serem.

4. Przełóż masę mięsną do 6 żaroodpornych naczyń o pojemności 210 ml, przybierz mieszanką z bułki tartej oraz sera i zapiekaj przez 8–10 minut lub do czasu, aż mięso będzie wrzeć, a wierzch się roztopi.

Zielone chili z indyka (NW) (2 porcje)

2 łyżeczki oliwy
2 szklanki posiekanej cebuli żółtej
2 ząbki czosnku przepuszczone przez praskę
500 g chudego mielonego mięsa z indyka
5 szklanek szpinaku
1/2 szklanki bulionu warzywnego (str. 168)
1 i 1/2 szklanki rozmrożonych serc karczochów pokrojonych na kawałki

1/4 łyżeczki mielonego cynamonu
2 łyżeczki przyprawy ze słodkiej papryki
1 łyżeczka kminu
1 szklanka fasoli adzuki

1. Rozgrzej oliwę w garnku na zupę ustawionym na średnim ogniu. Dodaj cebulę oraz czosnek i smaż przez 4–5 minut. Wyjmij i odłóż na bok.

2. Włóż mięso do tego samego garnka, rozdrobnij szpatułką na małe kawałki i obsmażaj przez 5 minut, aż się zrumieni.

3. Zmiksuj szpinak z bulionem warzywnym za pomocą robota kuchennego lub miksera na jednolity sos.

4. Dodaj pozostałe składniki do garnka z mięsem z indyka: karczochy, cynamon, przyprawę z papryki, kmin oraz fasolę ze zmiksowanym szpinakiem, a także podsmażoną cebulę i czosnek. Przykryj i gotuj co najmniej przez 45 minut. Od czasu do czasu zamieszaj, aby zapobiec przypaleniu.

3. Podawaj na ciepło.

Nóżki z indyka w sosie *mole* (NW) (2 porcje)

1 łyżeczka masła ghee
2 ząbki czosnku przepuszczone przez praskę
1/4 szklanki cebuli pokrojonej w kostkę
1 łyżeczka mielonego kminu rzymskiego
1 łyżeczka soli morskiej
1 łyżeczka przyprawy ze słodkiej papryki
1/2 łyżeczki mielonego cynamonu
1 szklanka bulionu warzywnego (str. 168)
2 łyżeczki masła z orzechów ziemnych
30 g ciemnej czekolady 100% startej
*3 podudzia z indyka**

* Do tego przepisu można też wykorzystać podudzia z kurczaka, ale wtedy rozgrzej piekarnik do temperatury 200°C i piecz je przez 50–55 minut. Gotowe są wtedy, gdy wyciekające z nich soki są przejrzyste, a temperatura wewnątrz mięsa sięga 75°C.

1. Rozgrzej piekarnik do temperatury 160°C.

2. Przygotuj sos *mole*, smażąc cebulę i czosnek w garnku na średnim ogniu na maśle ghee przez 4–5 minut, aż zmiękną i lekko się przyrumienią. Dorzuć przyprawy: kmin, sól morską, przyprawę paprykową i cynamon. Wymieszaj i podgrzewaj dalej przez 2 minuty. Potem dodaj bulion warzywny oraz masło z orzechów ziemnych. Wymieszaj i gotuj przez 3–4 minuty.

3. Zdejmij sos z ognia, wymieszaj z czekoladą i przełóż do robota kuchennego. Zmiksuj na jednolitą papkę. Możesz też przetrzeć sos *mole* przez sito, aby miał jedwabistą konsystencję, ale nie jest to konieczne.

4. Zdejmij skórę z podudzi indyka i obtocz je w sosie. Ułóż w żaroodpornym naczyniu, przykryj i piecz przez 1 do 1 i 1/2 godziny. Sprawdź, czy temperatura w środku mięsa sięga 80°C.

5. Kiedy nóżki z indyka się upieką, wyjmij je z piekarnika i podawaj ciepłe, przybrane resztą sosu *mole*.

Zapiekanka pasterska z pieczonym czosnkiem i miksowanym kalafiorem (NW) (6 porcji)

2 i 1/2 łyżeczki oliwy
3 ząbki czosnku
sól morska do smaku
1 kalafior
1 łyżka posiekanej świeżej szałwii
1 łyżka masła ghee w dawce podzielonej
6 łyżek mleczka sojowego lub koziego
500 g mielonego mięsa z indyka (z hodowli naturalnej)
2 łyżeczki przyprawy ze słodkiej papryki
2 łyżki mąki orkiszowej lub owsianej
1 i 1/2 szklanki bulionu warzywnego (zob. str. 168)
*2 szklanki cebulek perłowych**
1 szklanka groszku
2 szklanki drobno posiekanej marchwi
1 szklanka mozzarelli

---

* Do tego przepisu można użyć mrożonych cebulek perłowych zamiast świeżych, żeby zaoszczędzić czas.

1. Rozgrzej piekarnik do temperatury 190°C.

2. Skrop 1/2 łyżeczki oliwy 2 ząbki czosnku i je posól. Owiń czosnek papierem pergaminowym, a następnie starannie folią aluminiową i piecz w piekarniku lub opiekaczu przez 30 minut.

3. Zmniejsz temperaturę piekarnika do 180°C.

4. Pokrój kalafiora na kawałki wielkości kęsa, wrzuć do dużego garnka z wodą i doprowadź do wrzenia. Gotuj przez 12–15 minut, aż będzie lekko miękki, odcedź i przełóż do pustego garnka. Za pomocą ręcznego miksera wymieszaj kalafiora z upieczonym czosnkiem, szałwią, masłem ghee i mlekiem. Przypraw solą morską do smaku.

5. Rozdrobnij szpatułką mięso z indyka i obsmaż je na średnim ogniu przez 5 minut na dużej patelni na reszcie oliwy. Kiedy się przyrumieni, dodaj przyprawę z papryki i mąkę, mieszając, by obtoczyć w nich mięso. Wlej bulion warzywny i doprowadź do wrzenia, by sos zgęstniał. Zmniejsz ogień i gotuj jeszcze przez 5 minut.

6. Wrzuć cebule, groszek i marchew do mięsa z indyka i wymieszaj. Przełóż wszystko do żaroodpornego naczynia o wymiarach 23 x 28 cm, przybierz masą z kalafiora, rozprowadzając ją równo na wierzchu szpatułką. Na koniec posyp serem i zapiekaj przez 30–35 minut, aż zapiekanka będzie wrzeć, a ser lekko się zrumieni.

7. Podawaj na ciepło.

Pożywny gulasz z indyka gotowany w wolnowarze (NW) (4 porcje)

2 łyżeczki oliwy
500 g piersi z indyka
2 szklanki posiekanej cebuli
2 szklanki pasternaka pokrojonego w kostkę
2 duże gałązki świeżego rozmarynu
4 duże gałązki świeżego tymianku
1 szklanka wody
1 szklanka bulionu warzywnego (zob. str. 168)
4 szklanki czerwonego jarmużu porozdzieranego

1. Rozgrzej wolnowar (urządzenie do powolnego gotowania) do średniej temperatury.

2. Wlej oliwę na dużą patelnię ustawioną na umiarkowanym ogniu i obsmaż piersi z indyka po minucie na każdej stronie. Wyjmij mięso z patelni i odłóż na bok.

3. Na tę samą patelnię wrzuć cebulę oraz pasternak i smaż przez 3–4 minuty, a potem ułóż na dnie wolnowaru. Dodaj rozmaryn i tymianek. Następnie ułóż piersi z indyka na jarzynach i ziołach.

4. Wlej bulion warzywny oraz wodę na patelnię i podgrzewaj do 10 minut, aby zeskrobać z niej wszelkie resztki. Zalej tym płynem mięso z indyka w wolnowarze i przykryj. Gotuj przez godzinę, a potem dodaj jarmuż i duś przez kolejną godzinę.

5. Podawaj ciepłe.

Zapiekanka z czerwonej komosy i grzybów (NW)

(6 porcji)

1 szklanka czerwonej komosy ryżowej
2 szklanki wody
2 łyżeczki masła ghee
1 szklanka posiekanych grzybów maitake
1 i 1/2 szklanki ketmii pokrojonej w kostkę
1/2 szklanki drobno posiekanej szalotki
1/2 łyżeczki gorczycy w proszku
1/2 łyżeczki suszonego imbiru
2 ząbki czosnku przepuszczone przez praskę
2 łyżki świeżego oregano
3/4 szklanki drobno posiekanego ananasa
1/2 szklanki posiekanych grzybów enoki
1 szklanka bulionu warzywnego (zob. str. 168)
5 jaj, dodawanych oddzielnie
1 łyżeczka oliwy
spray do natłuszczania zapobiegający przywieraniu

1. Rozgrzej piekarnik do temperatury 180°C. Natłuść oliwą w sprayu naczynie do pieczenia o wymiarach 23 x 28 cm.

2. Doprowadź do wrzenia wodę z komosą w średnim garnku, a potem zmniejsz ogień i gotuj przez 12 minut. Zdejmij z ognia i spulchnij komosę widelcem.

3. Tymczasem rozgrzej dużą patelnię na średnim ogniu i roztop masło ghee. Dodaj grzyby maitake, ketmię, szalotkę i smaż przez 6–7 minut, aż warzywa będą lekko miękkie.

4. W małej salaterce roztrzep sproszkowaną gorczycę z imbirem, czosnkiem, oregano, ananasem, grzybami enoki, bulionem warzywnym i jednym jajem. Wymieszaj komosę z mieszaniną warzyw i grzybów maitake i przełóż do przygotowanego żaroodpornego naczynia. Polej ją równo sosem z bulionu i jaja, pomagając sobie widelcem, aby dotarł do wszystkich rogów naczynia.

5. Piecz przez 35 minut.

6. Tuż przed wyjęciem zapiekanki z piekarnika usmaż resztę jaj na oliwie na patelni spryskanej oliwą w sprayu i podawaj je na zapiekance.

7. Serwuj na ciepło.

Charakterystyczny składnik: czerwona komosa ryżowa

Skład komosy czerwonej (*red quinoa*) jest niemal taki sam jak zwykłej i stanowi ona wspaniałe źródło błonnika oraz białka, gdyż zawiera wszystkie dziewięć niezbędnych aminokwasów. Ma także podobną konsystencję: lekką, puszystą i nieco kruchą. Czerwona komosa różni się od zwyczajnej smakiem, który jest bardziej ziemisty i mniej gorzkawy. Można jej używać do potraw słonych, dodając pożywne warzywa, dozwolone sery lub fasolę.

Potrawa duszona ze skiełkowanej soczewicy (NW)

(4 porcje)

1 szklanka skiełkowanej soczewicy
1 łyżka oliwy
1 szklanka posiekanej cebuli
3/4 szklanki marchwi pokrojonej w kostkę
3/4 szklanki pasternaku pokrojonego w kostkę

2 cukinie pokrojone w kostkę
1/2 łyżeczki mielonego kminu rzymskiego
5 szklanek bulionu warzywnego (zob. str. 168)
sól morska do smaku

1. Namocz skiełkowaną soczewicę w ciepłej wodzie przez 25 minut.
2. Do dużej brytfanny ustawionej na średnim ogniu wlej oliwę i wrzuć cebulę, marchew, pasternak, cukinię oraz kmin. Smaż przez 6–7 minut. Dodaj soczewicę i podgrzewaj dalej przez minutę.
3. Wlej bulion warzywny, po szklance naraz, mieszając potrawę po dodaniu każdej porcji. Posól do smaku. Gotuj w sumie przez 30–35 minut.
4. Podawaj na ciepło.

Charakterystyczny składnik: skiełkowana soczewica

Ilekroć określenie „skiełkowany" występuje w powiązaniu z ziarnem, roślinami strączkowymi lub nasionami, oznacza to, że enzymy pokarmowe zostały aktywowane. Dzięki temu takie produkty mają większą wartość odżywczą. Skiełkowaną soczewicę można dostać w sklepach z żywnością naturalną i gotuje się ona o wiele szybciej niż zwykła, a zatem świetnie nadaje się do naszego zestawu „szybkich potraw".

Pasztet z ryżu i fasoli (NW) (6 porcji)

1/2 szklanki surowego brązowego ryżu
1 szklanka wody
2 szklanki startej cukinii
1/2 szklanki posiekanej cebuli
1/2 szklanki marchwi pokrojonej w kostkę
1 duże jajo lekko ubite
2 ząbki czosnku przepuszczone przez praskę
1/2 szklanki bułki tartej (zob. str. 168)
3/4 szklanki fasoli adzuki przepłukanej i osączonej

1 łyżeczka przyprawy ze słodkiej papryki
1/2 szklanki białej fasoli zmiksowanej
spray do natłuszczania zapobiegający przywieraniu

1. Rozgrzej piekarnik do temperatury 180°C.
2. Zacznij od ugotowania ryżu w wodzie według instrukcji podanych na opakowaniu. Ostudź go.
3. Po starciu cukinii rozłóż ją na podwójnej warstwie ręcznika papierowego lub na gazie i wyciśnij nadmiar soku. Włóż następnie cukinię do dużej miski wraz z cebulą, marchwią, ostudzonym brązowym ryżem, jajem, czosnkiem, bułką tartą, fasolą adzuki i przyprawą z papryki. Wymieszaj, by równo rozprowadzić składniki. Na koniec dodaj zmiksowaną białą fasolę i ponownie wymieszaj.
4. Spryskaj oliwą formę do pieczenia i przełóż do niej przygotowaną masę. Rozprowadź ją równo szpatułką i piecz przez 25–30 minut, aż pasztet się zetnie, podgrzeje i będzie lekko zrumieniony na brzegach.
4. Podawaj na ciepło.

Tofu z imbirem smażone po chińsku (NW) (4 porcje)

250 g twardego tofu pokrojonego w plastry
3 łyżeczki oliwy dodawane oddzielnie
5-centymetrowy kawałek imbiru obrany i pokrojony w cienkie plasterki
2 szklanki groszku cukrowego
1 szklanka pokrojonej kapusty bok choy
1/4 szklanki pędów bambusa
1/3 szklanki dżemu śliwkowego
1 łyżka soku z cytryny
1 łyżka startej skórki z cytryny
1 łyżka niskosodowego sosu sojowego (wyrabianego z soi bez dodatku pszenicy)
1 łyżka syropu z agawy

1. Wyjmij tofu z opakowania i osusz na papierowym ręczniku. Pokrój w plastry i umieść na innym kawałku papierowego ręcznika, by osuszyć je z każdej strony.

2. W dużym woku (lub na patelni) podgrzej 2 łyżeczki oliwy na średnim ogniu. Wrzuć imbir i smaż przez minutę. Dodaj tofu i smaż, mieszając (w stylu *stir-fry*) przez 3–4 minuty, aż się przyrumieni. Wyjmij z woka i odłóż na bok.

3. Wlej do woka resztę oliwy, wrzuć groszek cukrowy, *bok choy* i pędy bambusa. Smaż, mieszając przez 3–4 minuty. Dodaj z powrotem tofu oraz resztę składników: dżem śliwkowy, sok i utartą skórkę z cytryny, sos sojowy oraz syrop z agawy. Wymieszaj i podgrzewaj jeszcze przez 2 minuty.

4. Podawaj na gorąco.

PORADA

Pędy bambusa najczęściej dostępne są w puszkach i można je znaleźć w supermarketach na półkach z żywnością orientalną lub w sklepach z produktami naturalnymi. Po przepłukaniu wodą i osuszeniu nadają się do gotowania.

Szaszłyki z tempeh i ananasa (NW) (4 porcje)

Marynata:

2 łyżki świeżo wyciśniętego soku z cytryny
1 łyżka syropu z agawy
3 łyżki oliwy
1 łyżka świeżego imbiru przepuszczonego przez praskę lub posiekanego
1/2 łyżeczki przyprawy ze słodkiej papryki
1 łyżeczka czosnku przepuszczonego przez praskę

Szaszłyki:

1 opakowanie (250 g) organicznego tempeh
4 szklanki ananasa w kawałkach
1 czerwona cebula pokrojona w kostkę o boku 1,2 cm

1. Przygotuj marynatę, ubijając w salaterce sok z cytryny z syropem z agawy, oliwą, imbirem, przyprawą z papryki i czosnkiem. Pokrój tempeh w kostkę o boku 2,5–4 cm. Włóż go do szklanego naczynia do przechowywania żywności ze szczelną pokrywką, zalej 2/3 marynaty i delikatnie wymieszaj, by dokładnie obtoczyć je w marynacie. Przykryj i wstaw do lodówki na 3 godziny.

2. Jeśli używasz bambusowych szpikulców, namocz je w wodzie przed użyciem przez godzinę, aby nie przypaliły się podczas grillowania. Nadziej szpikulce, wkładając na przemian po kawałku tempeh, ananasa i cebuli i powtarzając tę czynność dwukrotnie. Posmaruj ananasa i cebulę marynatą. Opiekaj przez 10 minut, odwracając szaszłyki w połowie grillowania i smarując resztą marynaty. Gotowe warzywa i tempeh powinny być gorące i mieć ślady zwęglenia.

3. Podawaj na ciepło.

Charakterystyczny składnik: tempeh

Tempeh to sfermentowana soja, sprasowana na placek grubości od 1,2 do 2,5 cm, zwarty i o lekko orzechowym smaku. Popularny w Indonezji, coraz bardziej jest znany wśród wegetarian. Podobnie jak tofu, tempeh ma zdolność wchłaniania różnych smaków, jakie chcemy mu nadać, a więc mamy tutaj pole do popisu! Poza tym zawiera mnóstwo białka i niewiele kalorii, co czyni z niego idealny zamiennik wołowiny lub każdego innego białka zwierzęcego.

Marokański tadżin z tofu (NW) (4 porcje)

1 opakowanie (400 g) twardego tofu
2 łyżeczki czosnku przepuszczonego przez praskę
2 łyżeczki imbiru przepuszczonego przez praskę
1/4 łyżeczki mielonego cynamonu
1/4 łyżeczki mielonego kminu rzymskiego
1/2 łyżeczki kurkumy
4 łyżeczki oliwy
10 obranych cebulek cipollini
1 szklanka posiekanej marchwi

1 szklanka posiekanego pasternaku
1/2 szklanki bulionu warzywnego (zob. str. 168)
1 łyżka soku z cytryny

1. Wyjmij tofu z opakowania i pokrój w plastry grubości 0,6 cm. Osącz na kilku płatach papierowego ręcznika i delikatnie usuń nadmiar wody ze wszystkich stron kawałków tofu.
2. W małej salaterce wymieszaj czosnek z imbirem, cynamonem, kminem, kurkumą i łyżeczką oliwy. Następnie połącz przyprawy z kawałkami tofu, starając się go nie rozdrabniać. Marynuj w lodówce co najmniej przez godzinę.
3. Podgrzej tadżin na średnim ogniu i posmaruj 2 łyżeczkami oliwy. Smaż tofu, aż się przyrumieni po obu stronach. Wyjmij z naczynia i odłóż na bok.
4. Wlej resztę oliwy do tadżinu, wrzuć cebulki, marchew oraz pasternak i smaż przez 5–6 minut.
5. Zmniejsz ogień. Wlej bulion warzywny i sok z cytryny. Przykryj i duś przez 30 minut (nie zaglądając do środka). Po upłynięciu tego czasu większość płynu powinna się wchłonąć. Włóż z powrotem tofu do tadżinu, przykryj i podgrzewaj jeszcze przez 10 minut.
6. Podawaj na ciepło.

PORADA

Tadżin to marokańskie naczynie do gotowania z masywnym żeliwnym lub glinianym dnem i kopulastą pokrywą w kształcie piramidy, przeznaczone do powolnego gotowania. Taka metoda nadaje potrawom wilgotności. Można też użyć żeliwnej patelni i nakryć ją namiotem z folii aluminiowej, tworząc szczelną pokrywę.

Tofu nadziewane broccolini (NW) (4 porcje)

350 g twardego tofu
1 łyżka oregano
1 łyżka soku z cytryny
1 łyżka oliwy

sól morska do smaku
2 łyżeczki masła ghee
1 pęczek broccolini (odmiana brokułów o małych różyczkach i długich, cienkich łodygach) grubo posiekanych
1/2 czerwonej cebuli pokrojonej w kostkę
1/4 szklanki orzechów włoskich
1/3 szklanki pokruszonej fety
1 szklanka bulionu warzywnego w dawce podzielonej (zob. str. 168)

1. Pokrój tofu w poprzek na kwadraty grubości 0,6 cm. Wymieszaj oregano z sokiem z cytryny, oliwą i solą morską. Polej nimi tofu włożone do szklanego naczynia ze szczelną pokrywką i marynuj przez 30 minut, raz odwracając po upłynięciu połowy tego czasu.
2. Na dużej patelni rozgrzej masło ghee na średnim ogniu i smaż broccolini i cebulę przez około 2–3 minuty, aż nieco zmiękną. Posól do smaku.
3. Zmiksuj w robocie kuchennym broccolini z cebulą, orzechami włoskimi, serem feta i 1/4 szklanki bulionu warzywnego. Nadzienie powinno być gęste i papkowate, ale niezbyt suche. Jeśli wydaje się za suche, dodaj więcej bulionu warzywnego. Przełóż je z powrotem na patelnię ustawioną na małym ogniu, aby nie wystygło.
4. Wyjmij tofu z marynaty i podsmażaj na patelni ustawionej na średnim ogniu przez 1–2 minuty aż się przyrumieni. Następnie przyrumień z drugiej strony (przez 1–2 minuty).
5. Ułóż 3 warstwy tofu przybrane nadzieniem z broccolini, jedna na drugiej i podawaj od razu.

Dynia piżmowa z soczewicą gotowana w wolnowarze (NW) (6 porcji)

1 szklanka posiekanej cebuli
1 szklanka posiekanej marchwi
1 łyżka oliwy w dawce podzielonej
500 g zielonej soczewicy
1 łyżeczka soli morskiej
2 szklanki bulionu warzywnego (str. 168)
2 szklanki dyni piżmowej pokrojonej w kostkę

1/4 łyżeczki kminu rzymskiego
1 łyżeczka mielonego imbiru
1 łyżeczka sproszkowanego czosnku
1/4 łyżeczki cynamonu
1 łyżka posiekanej świeżej szałwii
3 szklanki wody

1. Nastaw wolnowar (urządzenie do powolnego gotowania) na duży ogień.
2. Włóż do niego wszystkie składniki (w tym 3 szklanki wody). Wymieszaj delikatnie, aby równo rozprowadzić przyprawy i warzywa.
3. Gotuj od 2 i 1/2 do 3 godzin.
4. Podawaj na ciepło.

Burgery z fasoli (NW) (4 porcje)

2 szklanki ugotowanej fasoli pinto
1 i 1/2 szklanki szpinaku
1/2 szklanki startej marchwi
1 łyżka oliwy
1 łyżka świeżego tymianku
1/2 łyżeczki soli morskiej
2 ząbki czosnku przepuszczone przez praskę lub posiekane
1/2 szklanki bułki tartej (zob. str. 169)
1 duże roztrzepane jajo
2 łyżeczki oliwy

1. Włóż 1 szklankę fasoli do dużej salaterki i rozgnieć widelcem lub tłuczkiem do ziemniaków.
2. Dodaj wszystkie pozostałe składniki: resztę fasoli, szpinak, marchew, oliwę, tymianek, sól morską, czosnek, bułkę tartą oraz jajo i delikatnie wymieszaj. Uformuj z masy 6 kotletów i odstaw na talerzu.
3. Rozgrzej dużą patelnię na średnim ogniu i skrop oliwą, Smaż fasolowe burgery po około 4 minuty na stronie.
4. Podawaj na ciepło. Świetnie smakują z karmelizowaną cebulą, tostowaną bułką ze skiełkowanej pszenicy i kruchą sałatą.

Zupy i przystawki

Podczas gotowania obiadu często myślimy o jedzeniu białek, warzyw i węglowodanów złożonych i choć najlepiej zawierać je wszystkie w daniach jednogarnkowych w rodzaju potrawy chili lub lazanii, to jednak nie zawsze jest to możliwe. Dlatego też koniecznie trzeba mieć zestaw przepisów na szybkie i smaczne przystawki oraz zupy, aby połączyć je z daniem białkowym. W tym rozdziale znajdziesz wiele przepisów na zupy i przystawki, bazujące na warzywach i węglowodanach złożonych, aby w każdej chwili można było po nie sięgnąć.

Tajska zupa z curry (NW) (6 porcji)

2–3 łyżeczki oliwy
1 szklanka posiekanego pora
1 łyżeczka czosnku przepuszczonego przez praskę
1 łyżka imbiru obranego i przepuszczonego przez praskę
1/8 łyżeczki kurkumy
1/2 łyżeczki przyprawy curry
2 małe rzepy pokrojone w kostkę
4 szklanki wody
1 łodyga palczatki cytrynowej
3 szklanki buraka liściowego (boćwiny) pokrojonego na długie kawałki
sól morska do smaku

Sos kremowy:
3 łyżki posiekanych orzechów włoskich
2 łyżki mąki z migdałów
1 łyżeczka syropu z agawy
3 łyżki gorącej wody lub mleczka migdałowego

1. Smaż pora, czosnek oraz imbir na oliwie w garnku do gotowania zupy ustawionym na średnim ogniu przez 3–4 minuty, aż warzywa nieco zmiękną i puszczą aromat. Dodaj kurkumę, przyprawę curry i rzepę, wymieszaj i gotuj przez 5 minut.

2. Przygotuj palczatkę cytrynową, odcinając końce i obijając łodygę tyłem noża, żeby wydobyć z niej smak i aromat. Wlej wodę do warzyw, wrzuć palczatkę cytrynową i boćwinę. Przykryj i gotuj co najmniej przez 30 minut. Posól do smaku.

3. W tym czasie przygotuj sos kremowy, umieszczając orzechy włoskie i mąkę z migdałów w pojemniku robota kuchennego lub małego rozdrabniacza. Miksuj, aż orzechy staną się papkowate. Dodawaj stopniowo syrop z agawy i gorącą wodę albo mleczko migdałowe i miksuj dalej, aż powstanie sos o kremowej konsystencji.

4. Wlej sos do zupy i gotuj przez 5 minut.

5. Podawaj na ciepło.

PORADA

Jeśli nie masz mąki migdałowej, zmiksuj dokładnie 1/4 szklanki surowych blanszowanych migdałów za pomocą robota kuchennego.

Charakterystyczny składnik: palczatka cytrynowa

Palczatka, zwana też trawą cytrynową, to gruba, zdrewniała łodyga, którą trzeba otłuc i posiekać, żeby wydobyć z niej smak i zapach. Często wykorzystuje się ją w kuchni azjatyckiej i nadaje ona potrawom świeżego, cytrynowego smaku. Uznawana jest od wieków za roślinę o właściwościach uzdrawiających.

Zupa marchewkowo-imbirowa (NW) (6 porcji)

1 łyżeczka oliwy
2 łyżeczki masła ghee
1 szklanka posiekanej cebuli
1 ząbek czosnku
900 g marchwi obranej i pokrojonej w kostkę
8-centymetrowy kawałek imbiru (lub około 1/4 szklanki), obrany i starty

1/2 łyżeczki soli morskiej
1 łyżka startej skórki z cytryny
4 szklanki wody

1. Podgrzej oliwę i masło ghee w dużym garnku na zupę. Wrzuć cebulę, czosnek oraz marchew i duś przez 5–6 minut, aż zmiękną. Dodaj pozostałe składniki i doprowadź do wrzenia. Następnie zmniejsz ogień, przykryj i gotuj co najmniej przez 30 minut lub do czasu, aż marchew stanie się tak miękka, że da się nakłuć widelcem, ale nie będzie się rozpadać.
2. Zmiksuj zupę za pomocą miksera na jednolitą konsystencję. Jeśli wydaje się zbyt gęsta, dodaj tyle wody, żeby miała gęstość ciasta do wypieków.
3. Podawaj ciepłą.

Zupa z pieczonego pasternaku (6 porcji)

4 szklanki pasternaku pokrojonego w kostkę
4 szklanki pokrojonego kalafiora
2 obrane ząbki czosnku
2 łyżki oliwy w dawce podzielonej
sól morska do smaku
2 szklanki słodkiej cebuli pokrojonej w cienkie plasterki
2 jabłka Granny Smith pokrojone w cienkie plastry
1 i 1/2 szklanki mleczka sojowego lub migdałowego
1 szklanka wody
1/8 łyżeczki gałki muszkatołowej
1/4 szklanki posiekanej świeżej szałwii

1. Rozgrzej piekarnik do temperatury 190°C.
2. Ułóż kawałki pasternaku i kalafiora oraz czosnek na blasze do pieczenia, skrop łyżką oliwy i posyp solą. Wymieszaj, by je obtoczyć.
3. Piecz warzywa w piekarniku przez 35–40 minut lub do czasu, aż będą miękkie i przyrumienią się na brzegach.
4. Mniej więcej 15 minut przed zakończeniem pieczenia podgrzej pozostałą łyżkę oliwy w dużym garnku na zupę na średnim ogniu.

Smaż cebulę przez 8–10 minut. Dodaj jabłka i smaż dalej przez 3–4 minuty.

5. Kiedy cebula zmięknie, włóż do garnka pieczone warzywa oraz resztę składników. Doprowadź zupę do lekkiego wrzenia i gotuj przez 20 minut. Zmiksuj za pomocą przenośnego lub stojącego miksera.

6. Przypraw dodatkowo solą do smaku i podawaj ciepłą.

Zupa cebulowa z roztopioną mozzarellą (NW)

(4 porcje)

5 dużych białych cebul
1 łyżka oliwy
1/2 łyżki masła ghee
1/2 szklanki czerwonego lub białego wina
3 szklanki bulionu warzywnego (zob. str. 168)
4 gałązki tymianku
2 gałązki szałwii
2 liście laurowe
sól morska do smaku
4 tostowane kromki chleba ze skiełkowanych ziaren
1 szklanka startej mozzarelli

1. Przekrój cebule na pół, a potem potnij w cienkie półksiężyce.

2. Podgrzej w dużym szerokim garnku na zupę oliwę i masło ghee. Wrzuć cebulę i karmelizuj przez 12 minut. Następnie posól, zmniejsz ogień do średniego lub małego i podgrzewaj dalej przez 20 minut. Cebula nabierze karmelowego koloru, gdy wypuści zawarte w niej cukry, które nadadzą jej słodki smak.

3. Wlej wino do cebuli, by zebrać drobiny z patelni (dzięki temu smaczne kąski oderwą się od dna i wymieszają z cebulą) i podgrzewaj jeszcze przez 30 sekund. Dodaj tymianek, szałwię, liście laurowe, sól oraz bulion. Gotuj przez 30 minut.

4. Przelej zupę do 4 żaroodpornych wysokich naczyń o pojemności około 210 ml. Na każdej porcji połóż tosta, a potem posyp serem, aby na zupie powstała pokrywa serowo-chlebowa.

5. Zapiekaj w piekarniku przez 2 minuty lub do czasu, aż ser zacznie wrzeć i lekko się przyrumieni. Zachowaj ostrożność, gdyż opiekacz jest bardzo gorący, a tost i ser mogą się łatwo przypalić.
6. Podawaj na ciepło.

Zupa z białej fasoli i brokułów (NW) (6 porcji)

1 łyżka oliwy
1 szklanka posiekanej białej cebuli
2 główki brokułów
1 ząbek czosnku przepuszczony przez praskę
1 puszka (nie zawierająca bisfenolu) o pojemności około 450 ml białej fasoli przepłukanej i osączonej
2 szklanki bulionu warzywnego (zob. str. 168)
4 gałązki świeżego tymianku
sól morska do smaku
1/4 szklanki pinioli

1. Rozgrzej 2 łyżeczki oliwy w dużym garnku na zupę na średnim ogniu. Wrzuć cebulę i smaż przez 5–6 minut.
2. Odkrój zdrewniałe łodygi od brokułów i usuń. Posiekaj grubo brokuły wraz z pozostałymi łodygami. Dodaj do cebuli wraz z czosnkiem, fasolą, bulionem warzywnym i tymiankiem. Doprowadź do wrzenia, zmniejsz ogień i gotuj przez 15 minut. Warzywa powinny być tak miękkie, żeby dawały się łatwo nakłuć widelcem, ale się nie rozpadały.
3. Jeśli używasz ręcznego miksera, zanurz go w zupie i dokładnie ją zmiksuj. A gdy nie jest dostępny, użyj miksera stojącego. Zupa powinna być gęsta i kremowa, ale musi łatwo spływać z łyżki. Gdy wolisz rzadszą konsystencję, dodaj trochę wody lub bulionu warzywnego. Przypraw solą morską do smaku.
4. Praż piniole na patelni na reszcie oliwy przez 2–3 minuty lub do czasu, aż się przyrumienią.
5. Podawaj zupę gorącą, przybraną uprażonymi piniolami.

Zupa z tofu i szatkowanej eskarioli (NW) (4 porcje)

2 łyżeczki oliwy dodawane oddzielnie
1 ząbek czosnku przepuszczony przez praskę
kawałek imbiru długości 2,5 cm posiekany lub przepuszczony przez praskę
350 g twardego tofu pokrojonego w kostkę
sól morska do smaku
2 szklanki bulionu warzywnego (zob. str. 168)
3 szklanki wody
1 szklanka cebulek perłowych
1 liść laurowy
1 szklanka marchwi pokrojonej w słupki
2 szklanki fasolki szparagowej
2 szklanki poszatkowanej eskarioli

1. Postaw brytfannę na średnim ogniu. Skrop łyżeczką oliwy i podsmaż przez pół minuty posiekany imbir oraz czosnek, stale mieszając, aby zapobiec przypaleniu. Wlej resztę oliwy do czosnku i imbiru, a potem wymieszaj z tofu. Duś, aż się przyrumieni. Wyjmij z garnka i odłóż na bok.
2. Dodaj do garnka bulion warzywny, wodę, cebulę, marchew i liść laurowy. Gotuj przez 30 minut na małym lub średnim ogniu.
3. Na około 10 minut przed podaniem wrzuć do zupy fasolkę i tofu. Nalej do miseczek i przybierz każdą porcję 1/2 szklanki posiekanej eskarioli.

Zupa z dzikich zbóż z bazyliowym pesto (NW)
(6 porcji)

1/2 szklanki dzikiego brązowego ryżu
2 łyżeczki masła ghee
1 ząbek czosnku
250 g ciemnych pieczarek (cremini)
4 szklanki bulionu warzywnego (zob. str. 168)
3 szklanki wody

Pesto:
1 szklanka ugotowanego groszku
1/2 szklanki świeżej bazylii
2 łyżki oliwy
1 ząbek czosnku
2 łyżki soku z cytryny
1/4 szklanki surowych orzechów włoskich
3 łyżki wody
sól morska do smaku
1/4 szklanki komosy ryżowej
3/4 szklanki groszku cukrowego

1. Zacznij od ugotowania dzikiego ryżu według instrukcji podanych na opakowaniu. Potem przełóż go salaterki i ostudź.

2. Roztop masło ghee w tym samym garnku na średnim ogniu i dodaj ząbek czosnku oraz pieczarki. Smaż przez 3–4 minuty. Dolej bulion warzywny oraz wodę, doprowadź do wrzenia i zmniejsz ogień. Gotuj przez 5 minut.

3. W tym czasie przygotuj pesto. Wymieszaj za pomocą robota kuchennego ugotowany groszek z bazylią, ząbkiem czosnku, oliwą, sokiem z cytryny, orzechami włoskimi i wodą. Przypraw solą morską do smaku. Odstaw na bok.

4. Wsyp surową komosę do zupy i gotuj przez 10 minut. Na koniec dodaj groszek cukrowy, gotuj przez 3 minuty i podawaj z gałką pesto.

Krucha sałatka z kalarepy (NW) (4 porcje)

3 łyżki soku z cytryny
3 łyżki oliwy
2 łyżki mielonej gorczycy
1 łyżeczka miodu lub syropu z agawy
sól morska do smaku
3 sztuki kalarepy
2 łodygi brokułów
1/2 szklanki jasnych rodzynek
1/4 szklanki posiekanej natki pietruszki

1. Wymieszaj w dużej salaterce składniki przeznaczone na dressing: sok z cytryny z oliwą, gorczycą, miodem oraz solą morską.

2. Odetnij twarde spody z kalarepy oraz górne łodygi i obierz ze skóry. Utrzyj obrane kalarepy na tarce do salaterki z dressingiem. Odetnij dolne końce od łodyg brokułów, obierz łodygi i utrzyj do naczynia z kalarepą. Do tarcia można też użyć robota kuchennego.

3. Na koniec dodaj rodzynki oraz natkę pietruszki i wymieszaj wszystko z dressingiem. Podawaj po schłodzeniu.

PORADA

Zachowaj górną część główki brokułów oraz liście z kalarepy, żeby zużyć później. Smaż je na patelni na łyżce oliwy przez 8–10 minut na średnim ogniu, posypawszy odrobiną soli, a otrzymasz pyszną przystawkę odpowiednią na każdy dzień tygodnia.

Grillowana kapusta *bok choy* z sezamem i imbirem (NW) (4 porcje)

2 łyżeczki oliwy
1 łyżeczka sosu sojowego
1 łyżeczka oleju sezamowego
1 łyżka świeżego startego imbiru
1 duży pęczek bok choy
1 łyżeczka nasion sezamu

1. Rozgrzej patelnię grillową na średnim ogniu.

2. Wymieszaj oliwę z sosem sojowym, olejem sezamowym oraz imbirem w małej salaterce.

3. Oderwij liście od podstawy *bok choy* i odkrój sam spód łodygi, aby usunąć wszelkie zbyt twarde fragmenty. Umyj wszystkie liście oddzielnie i osusz je na papierowym ręczniku.

4. Posmaruj liście *bok choy* mieszaniną sojową.

5. Opiekaj liście po około 30–45 sekund na każdej stronie, by straciły jędrność i się przyrumieniły.

6. Posyp grillowaną *bok choy* nasionami sezamu i podawaj na ciepło.

PORADA

Kupując kapustę *bok choy*, szukaj takiej o jasnobiałych łodygach z ciemnozielonymi liśćmi. Unikaj tych, które mają plamy na łodygach i przywiędłe liście.

Brukselka na słodko i słono (NW) (4 porcje)

1 łyżeczka masła ghee
2 łyżeczki oliwy
2 łyżki drobno posiekanej szalotki
4 plastry bekonu z indyka pokrojone w kostkę
4 szklanki poszatkowanych brukselek
1/4 szklanki jasnych rodzynek
1/2 szklanki bulionu warzywnego (zob. str. 168)
1 łyżka posiekanej natki pietruszki do przybrania

1. Rozgrzej dużą patelnię na średnim ogniu i dodaj masło ghee oraz oliwę. Smaż szalotkę i bekon z indyka, aż stanie się chrupki, od 4 do 5 minut.

2. Dorzuć brukselkę i podgrzewaj dalej przez 15 minut, od czasu do czasu mieszając, aby nie dopuścić do przypalenia. Dodaj rodzynki oraz bulion warzywny i gotuj kolejne 3 minuty, aby rodzynki zmiękły, a wywar pomógł zebrać drobiny z dna patelni (zeskrob je) i nadał brukselce wilgotności.

3. Brukselka będzie gotowa, gdy da się nakłuć widelcem, ale nadal pozostanie lekko krucha; gdy się rozgotuje i stanie się papkowata, straci dużo ze swojego smaku.

4. Przybierz natką pietruszki i podawaj na ciepło.

Południowoindyjska potrawa z ketmii (NW)
(6 porcji)

1 łyżka oliwy
1/2 łyżeczki nasion gorczycy
1/2 łyżeczki kminu rzymskiego
*1/2 łyżeczki urad dal**
3/4 szklanki drobno posiekanej cebuli
3 szklanki ketmii pokrojonej w kostkę
4 szklanki posiekanego szpinaku
1/2 łyżeczki kurkumy
1/2 łyżeczki soli morskiej

1. Podgrzej oliwę w brytfannie lub innym masywny garnku na średnim ogniu. Dodaj gorczycę, kmin oraz *urad dal* i smaż przez 30 sekund. Wrzuć cebulę i duś przez 5 minut.

2. Dodaj ketmię i gotuj dalej przez 15 minut. Na koniec dodaj szpinak, kurkumę oraz sól i podgrzewaj przez kolejne 5 minut, aż ketmia stanie się miękka, a szpinak straci jędrność.

4. Podawaj na ciepło.

Pieczona fasola (NW) (6 porcji)

2 łyżeczki oliwy
1 szklanka posiekanej żółtej cebuli
1 ząbek czosnku przepuszczony przez praskę
1 łyżeczka mielonej gorczycy
1 łyżka melasy
1 łyżeczka soli
1 łyżeczka przyprawy ze słodkiej papryki
2 puszki (około 500 g) fasoli pinto przepłukanej i osączonej
1/3 szklanki bulionu warzywnego (zob. str. 168)

* *Urad dal* to czarna soczewica, popularna w daniach południowoindyjskich.

1. Rozgrzej piekarnik do temperatury 190°C.

2. Podgrzej brytfannę na średnim ogniu i wlej oliwę. Zeszklij cebulę oraz czosnek, około 5–7 minut – powinny stać się przejrzyste i miękkie. Dodaj gorczycę, melasę, sól i przyprawę z papryki i gotuj przez kolejną minutę.

3. Dodaj fasolę pinto i bulion warzywny. Wymieszaj, by połączyć wszystkie składniki.

4. Przykryj i piecz w piekarniku przez 25 minut, aż fasola dobrze się podgrzeje, a sos stanie się gęsty i aromatyczny.

5. Podawaj na ciepło.

Kapusta z bekonem i fasolą (NW) (4 porcje)

2 łyżeczki oliwy
1 łyżeczka masła ghee
1/2 szklanki posiekanej szalotki
4 plastry bekonu z indyka drobno posiekane
1/2 łyżeczki przyprawy z wędzonej papryki
1 pęczek collard greens (odmiana kapusty)
1 puszka (450 g) fasoli „czarne oczko", przepłukanej i osączonej
sól morska do smaku

1. Podgrzej dużą patelnię na oliwie na średnim ogniu i roztop masło ghee. Dodaj szalotkę oraz bekon i smaż przez około 4 do 5 minut, aż bekon będzie chrupiący. Dodaj przyprawę paprykową oraz kapustę i podgrzewaj przez 10–12 minut. Kapusta powinna być krucha i częściowo rozmiękła.

2. Wrzuć fasolę „czarne oczko" i gotuj dalej przez 3–4 minuty, aż się podgrzeje.

3. Przypraw solą morską i podawaj na ciepło.

Szpinak z czosnkiem i karczochami (NW) (4 porcje)

2 łyżeczki oliwy
2 ząbki czosnku przepuszczone przez praskę
1 szklanka drobno posiekanej białej cebuli
1 szklanka rozmrożonych serc karczochów, posiekanych
1 łyżka masła ghee
3 łyżki mąki orkiszowej
1/2 szklanki mleczka migdałowego
3/4 szklanki bulionu warzywnego (zob. str. 168)
sól morska do smaku
10 szklanek grubo posiekanego młodego szpinaku

1. Smaż w brytfannie czosnek, cebulę i karczochy na oliwie przez 5–6 minut. Wyjmij warzywa i odłóż na bok.
2. Roztop masło ghee w tym samym garnku i wsyp mąkę. Mieszaj przez około minutę. Powoli wlej mleczko migdałowe i bulion warzywny, stale mieszając, aby nie powstały grudki. Mieszaj dalej przez około 5 minut, aż mieszanina zacznie przypominać w konsystencji jogurt.
3. Włóż warzywa z powrotem do brytfanny i dodaj szpinak, po około 1/4 naraz, aby zdążył się podgotować i zmniejszyć objętość, robiąc miejsce na kolejną porcję.
4. Gotuj jeszcze przez 5 minut, aż szpinak straci jędrność. Podawaj na ciepło.

Pieczone jesienne warzywa korzeniowe (NW)
(4 porcje)

1 seler korzeniowy
1 rzepa
1 mała dynia cukrowa (około 1350 g)
2 marchwie
4 szalotki pokrojone w kostkę
1 łyżka oliwy
1 łyżeczka soli morskiej
2 łyżki świeżo posiekanej szałwii

1. Rozgrzej piekarnik do temperatury 200°C.

2. Obierz selera, rzepę, dynię i marchew. Pokrój je na kawałki długości 5 cm.

3. Wymieszaj dokładnie pokrojone warzywa i szalotki z oliwą, solą morską oraz szałwią w duże salaterce.

4. Przełóż na blachę i piecz przez 55–60 minut. Jarzyny powinny być przyrumienione, kruche z zewnątrz i miękkie w środku.

5. Podawaj na ciepło.

Charakterystyczny składnik: seler korzeniowy

Jak sama nazwa wskazuje, to seler, którego główną częścią jest korzeń, w odróżnieniu od selera naciowego. Ma przyjemny świeży smak, przypominający skrzyżowanie selera naciowego z pietruszką, i wraz z cebulą i marchwią stanowi doskonały składnik do zup, a także świetnie nadaje się do jedzenia na surowo lub po upieczeniu (jak w powyższym przepisie). Jest produktem neutralnym dla wszystkich grup krwi i urozmaica nasz jadłospis.

Pieczone brokuły z oliwą czosnkowo-bazyliową (NW) (4 porcje)

1 główka brokułów
2 łyżeczki oliwy
sól morska do smaku

Bazylia z oliwą:
1 ząbek czosnku
1 szklanka drobno posiekanej bazylii
1 łyżka soku z cytryny
1 łyżka oliwy
1–2 łyżki wody

1. Rozgrzej piekarnik do temperatury 190°C.

2. Pokrój brokuły na kawałki wielkości kęsa i wymieszaj z 2 łyżeczkami oliwy oraz solą morską. Przełóż na blachę lub do żarood-

pornego naczynia i piecz przez 25 minut. Brokuły staną się ciemnozielone i będą lekko przyrumienione od spodu.

3. W czasie gdy brokuły się pieką, miksuj czosnek z bazylią, sokiem z cytryny, łyżką oliwy i wodą, aż staną się płynne.

4. Podawaj brokuły skropione tą mieszaniną z bazylii i oliwy.

Pieczone kasztany z ryżem (NW) (6 porcji)

1 szklanka wstępnie podgotowanych kasztanów
1 łyżka oliwy w dawce podzielonej
1 łyżeczka soli morskiej
1 szklanka bulionu warzywnego (zob. str. 168)
1 szklanka wody
1 szklanka brązowego ryżu
1 szklanka drobno posiekanego jabłka Granny Smith
1/8 łyżeczki mielonych goździków

1. Rozgrzej piekarnik do temperatury 200°C.

2. Odcedź kasztany i osusz na ręczniku papierowym. Pokrój je na ćwiartki i wymieszaj z 2 łyżeczkami oliwy, posyp 1/2 łyżeczki soli morskiej i piecz w piekarniku przez 12 minut.

3. Do dwulitrowego garnka z pokrywką wlej bulion warzywny i wodę, wsyp ryż i 1/2 łyżeczki soli. Gotuj według instrukcji podanych na opakowaniu (brązowy ryż gotuje się przeważnie 45 minut).

4. Po ugotowaniu spulchnij ryż widelcem i wymieszaj z jabłkiem, kasztanami i goździkami.

5. Podawaj na ciepło.

Pieczona dynia ze smażoną szałwią (NW) (4 porcje)

1 dynia cukrowa (około 1,8 kg)
1 łyżka plus 2 łyżeczki oliwy
1/8 łyżeczki gałki muszkatołowej
2 łyżki świeżej szałwii
sól morska do smaku

1. Rozgrzej piekarnik do temperatury 200°C.

2. Bardzo ostrożnie odetnij czubek dyni, a potem przekrój ją pionowo na pół. Dużą metalową łyżką wyjmij wszystkie pestki i błony ze środka. Po oczyszczeniu dyni połóż ją na desce do krojenia, przeciętą stroną do dołu, aby była stabilniejsza, i pokrój na cienkie plastry grubości około 1,2 cm. Ułóż je w jednej warstwie na blasze do pieczenia, skrop 2 łyżeczkami oliwy i posyp odrobiną soli morskiej oraz gałką muszkatołową.

3. Piecz przez 45–50 minut lub do czasu, aż będzie tak miękka, że da się nakłuć widelcem.

4. Na kilka minut przed końcem pieczenia dyni podgrzej łyżkę oliwy na małej patelni na średnim ogniu. Kiedy będzie gorąca, wrzuć szałwię. Postaraj się koniecznie, żeby szałwia była zupełnie sucha, bo inaczej drobiny wody na liściach spowodują pryskanie gorącej oliwy. Smaż szałwię, aż będzie krucha – nie dłużej niż 30 sekund. Wyjmij łyżką cedzakową na ręcznik papierowy.

5. Wyjmij dynię z piekarnika, przybierz rozdrobnioną smażoną szałwią i podawaj od razu.

PORADA

Wybierając dynię do pieczenia, szukaj mniejszej dyni cukrowej, ponieważ będzie słodsza. Upewnij się, czy nie jest poobijana i nie ma miękkich miejsc – powinna być jędrna. Lepiej też używać dyni młodej, gdyż starsze mają grubszą skórę i trudniej się je przyrządza.

Gratin z kalarepy z kremem z orzechów włoskich i szałwii (NW) (6 porcji)

2 kalarepy
1/2 szklanki mleczka migdałowego
1/8 łyżeczki mielonych goździków
2 łyżki świeżej szałwii
1/4 szklanki wody
1/2 szklanki posiekanych orzechów włoskich
sól morska do smaku
1 szklanka mozzarelli

1. Rozgrzej piekarnik do temperatury 190°C.

2. Obierz kalarepy i odkrój zdrewniałe spody. Włóż kalarepy do garnka z taką ilością wody, żeby sięgała 1–2,5 cm powyżej nich. Gotuj przez 6–7 minut. Odcedź, pokrój w cienkie plasterki grubości około 0,6 cm i odstaw na bok.

3. Wymieszaj w niewielkim rondlu mleczko migdałowe z goździkami, szałwią oraz wodą i podgrzewaj, aż zaczną wrzeć. Zmniejsz ogień.

4. Rozdrobnij orzechy włoskie za pomocą robota kuchennego. Wlej powoli połowę mieszanki z mleczka migdałowego i zmiksuj. Krem z orzechów powinien mieć konsystencję maślanki. Posól do smaku.

5. Nałóż niewielkie porcje kremu orzechowego na dno 2 naczyń do zapiekania (o pojemności 360 ml). Nakładaj warstwy kalarepy na przemian z łyżką kremu z orzechów oraz warstwą startego sera. Ułóż tyle warstw, żeby napełnić naczynia i zakończ kremem orzechowym i serem. Rozlej równo do obu naczyń resztę mieszanki mleczka migdałowego i piecz przez 30–35 minut. Gratin powinien być miękki i wrzący, a ser się roztopi i będzie lekko przyrumieniony.

6. Podawaj na ciepło.

Ratatouille (NW) (4 porcje)

2 średnie cukinie
sól morska do smaku
4 ciemne pieczarki (portobello)
1 bulwa fenkułu
1 szklanka posiekanego pora
2 słoiczki (po 200 g) papryki pimento, całej, osączonej z zalewy
1 łyżka oliwy w dawce podzielonej
1/2 szklanki posiekanej natki pietruszki
2 ząbki czosnku

1. Rozgrzej piekarnik do temperatury 190°C.

2. Pokrój cukinię w okrągłe plastry grubości około 0,6 cm i posyp solą morską. Ułóż na ściereczce, by pozbyć się nadmiaru wody. Posól

pieczarki i ułóż na ściereczce. Potnij fenkuł i pora w takie plasterki jak cukinię i odłóż na bok.

3. Zmiksuj paprykę pimento za pomocą niewielkiego robota kuchennego kilka razy, aż się rozdrobni na kawałki.

4. Skrop dwiema łyżeczkami oliwy dużą patelnię ustawioną na średnim ogniu. Kiedy będzie gorąca, smaż fenkuł i pora po 2–3 minuty na jednej stronie, aby warzywa lekko się przyrumieniły i zaczęły mięknąć. Wyjmij je z patelni i odstaw na bok.

5. Wyciśnij nadmiar soku z cukinii oraz pieczarek i podsmaż je na tej samej patelni, po 2–3 minuty po jednej stronie, dodając nieco oliwy, jeśli trzeba. Gdy przyrumienią się po obu stronach, wyjmij z patelni i odłóż na bok.

6. Na koniec smaż paprykę pimento z natką pietruszki i czosnkiem przez 3–4 minuty na patelni ustawionej na średnim lub nieco większym ogniu, aby nieco płynu z papryki wyparowało.

7. Ułóż na dnie żaroodpornego naczynia warstwę cukinii i pieczarek, dodaj pimento, a na koniec pora i fenkuł.

8. Piecz bez przykrycia przez 20 minut, aż potrawa zacznie wrzeć i lekko zrumieni się na brzegach.

9. Podawaj na ciepło lub ostudź do temperatury pokojowej, wstaw do lodówki i serwuj na zimno.

Suflet z miksowanej dyni (NW) (6 porcji)

1 i 1/2 szklanki mleczka (migdałowego, sojowego lub konopnego)
2 gałązki plus 1 łyżka świeżej szałwii
3 żółtka
1/4 szklanki mąki z brązowego ryżu
1 łyżka syropu klonowego
1 szklanka purée z dyni
1 łyżka miękkiego masła ghee i trochę do natłuszczenia
1/4 łyżeczki cynamonu
1 łyżeczka soli morskiej
6 ubitych białek

1. Rozgrzej piekarnik do temperatury 180°C. Przygotuj 8 żaroodpornych naczyń (o pojemności 120 ml), natłuszczając masłem ghee dno i boki. Odstaw je na bok.

2. Podgrzewaj powoli 1 i 1/2 szklanki mleczka z 2 gałązkami szałwii w rondelku przez 10–12 minut.

3. W tym czasie ubij żółtka z mąką z brązowego ryżu i syropem klonowym. Kiedy mleczko będzie gotowe, zahartuj żółtka, wlewając do nich bardzo powoli około 1/2 szklanki ciepłego mleczka, stale mieszając. Przelej tę mieszaninę z powrotem do rondla z resztą mleczka i mieszaj na średnim ogniu, aż zgęstnieje (wystarczy 2–3 minuty).

4. Utłucz w średniej salaterce dynię z masłem ghee, pozostałą łyżką świeżej szałwii (drobno posiekanej), cynamonem i solą. Kiedy mieszanina mleczna zgęstnieje, zdejmij rondel z ognia i wymieszaj z tłuczoną dynią na gładką papkę. Ostudź.

5. W suchej szklanej salaterce (albo też miedzianej lub z nierdzewnej stali) ubij białka na sztywną pianę. Połącz ją z masą z ostudzonej dyni i mleczka, dodając po 1/3 piany naraz. Kiedy już zupełnie je wymieszasz, rozłóż do natłuszczonych żaroodpornych naczyń, wypełniając je do wysokości 3/4. Włóż do wysokiego naczynia do pieczenia i ustaw je na metalowej kratce wysuniętej z piekarnika. Wlej gorącą wodę do naczynia na wysokość około 2,5 cm. Piecz suflety przez 55–60 minut lub do czasu, aż się zetną.

7. Podawaj od razu.

PORADA

Białek nie można ubijać w salaterce, na której pozostaje tłuszcz, na przykład w plastikowej. Na sztywną pianę można je ubić bez problemu w naczyniu ze szkła, stali nierdzewnej lub miedzi. Drobiny wody znajdujące się w naczyniu również mogą utrudniać bicie piany, a więc postaraj się wytrzeć je do sucha.

Tłuczona brukiew (NW) (4 porcje)

2 brukwie
1/2 łyżeczki oliwy
1 główka brokułów
1/4 szklanki grubo posiekanej natki pietruszki
1/4 szklanki mleczka migdałowego
2 ząbki czosnku
2 łyżeczki masła ghee
sól morska do smaku

1. Obierz brukiew i pokrój równo w kostkę, żeby wszystkie kawałki ugotowały się w tym samym czasie. Włóż ją do garnka z zimną, osoloną wodą i doprowadź do wrzenia. Przykryj, zmniejsz ogień i gotuj przez 35 minut lub do czasu, aż brukiew będzie tak miękka, że da się nakłuć widelcem.
2. W tym czasie przytnij łodygi brokułów i pokrój brokuły na kawałki wielkości kęsa, a potem gotuj na parze przez 5–6 minut, aż staną się jasnozielone i lekko miękkie.
3. Kiedy brukiew się ugotuje, odcedź ją, włóż z powrotem do garnka i postaw na ogniu na kuchence. Tłuczkiem do ziemniaków lub widelcem rozgnieć brukiew, dodaj natkę pietruszki, mleczko migdałowe, czosnek, masło i sól. Podgrzewaj przez 3–4 minuty, aż masło się roztopi, a smaki połączą ze sobą. Wymieszaj brokuły z tłuczoną brukwią.
4. Podawaj na ciepło.

Fenkuł zasmażany z kiełbaskami z indyka (NW) (4 porcje)

2 łyżeczki masła ghee
2 szklanki drobno posiekanej cebuli
3 szklanki drobno posiekanego fenkułu
2 pęta surowej kiełbasy z indyka

2 łyżeczki oliwy
sól morska do smaku
1/2 łyżeczki cynamonu
1 łyżka syropu klonowego

1. Smaż na patelni cebulę i fenkuł na 2 łyżeczkach masła ghee przez 3–4 minuty. Wyjmij je i odłóż na bok. Na tę samą patelnię włóż kiełbasę z indyka wyjętą z osłonki i rozdrobnij szpatułką. Dodaj oliwę, jeśli trzeba, i smaż, aż kiełbasa się zrumieni, około 5 do 6 minut.
2. Dodaj do zrumienionych kiełbasek cebulę, fenkuł, cynamon oraz syrop klonowy i wymieszaj.
3. Podawaj na gorąco.

Ragoût z dyni (NW) (4 porcje)

1 średnia cebula
2 średnie marchewki
2 średnie łodygi selera naciowego
1 duży pasternak
2 łyżeczki oliwy
1 ząbek czosnku przepuszczony przez praskę
3/4 szklanki purée z dyni (organicznej)
3 łyżki posiekanej szałwii, dodawane oddzielnie
1/2 szklanki bulionu warzywnego (zob. str. 168)
sól morska do smaku
*1 szklanka polenty ryżowej**

1. Zacznij od pokrojenia warzyw (cebuli, marchwi, selera i pasternaku) na kawałki podobnej wielkości, około 0,6–1,2 cm.
2. Wlej oliwę na dużą patelnię ustawioną na średnim ogniu i wrzuć cebulę, marchew, seler i pasternak. Smaż przez 5–6 minut, aż warzywa zaczną mięknąć.
3. Następne dodaj czosnek, dynię, 2 łyżki szałwii i bulion warzywny. Przypraw solą morską do smaku. Doprowadź do wrzenia,

* Zob. przepis na kremową polentę ryżową (NW), str. 126.

zmniejsz ogień i gotuj przez 20–30 minut, mieszając od czasu do czasu. Warzywa powinny stać się tak miękkie, że można je będzie nakłuć widelcem.

4. Podawaj na ciepło na polencie ryżowej z resztą szałwii.

Sałatka z brązowego ryżu (NW) (4 porcje)

3/4 szklanki brązowego ryżu
2 łyżeczki oliwy
1/2 szklanki posiekanego selera
1 łyżka szałwii
2 szklanki posiekanych ciemnych pieczarek (cremini)
1/4 szklanki drobno posiekanej szalotki
2 szklanki rukoli
2 łyżki prażonych migdałów

1. Ugotuj brązowy ryż według instrukcji podanych na opakowaniu. Odstaw na bok i lekko ostudź.

2. Podgrzej niezbyt dużą patelnię na średnim ogniu i smaż seler, szałwię, pieczarki i szalotkę na oliwie przez 3–4 minuty. Warzywa powinny tylko lekko zmięknąć.

3. W dużej salaterce wymieszaj brązowy ryż z zawartością patelni, rukolą i prażonymi migdałami. Ciepły ryż sprawi, że rukola straci nieco jędrność.

4. Podawaj na ciepło lub w temperaturze pokojowej.

Risotto z czarnego ryżu (NW) (4 porcje)

2 łyżeczki oliwy
1/2 szklanki drobno posiekanej białej cebuli
1 szklanka czarnego ryżu
sól morska do smaku
2 szklanki bulionu warzywnego (lub organicznego z kartonu)
3/4 szklanki mleczka migdałowego

1. Podgrzej oliwę w brytfannie lub innym masywnym garnku na średnim ogniu. Smaż cebulę i ryż przez 3–4 minuty, stale mieszając.

2. Podgrzej bulion warzywny i mleczko migdałowe w małym rondlu. Wlewaj powoli płyn do ryżu i cebuli po jednej chochli naraz. Kiedy jedna porcja się wchłonie, dodawaj następną, aż zużyjesz cały płyn. Posól do smaku.

3. Podawaj na ciepło.

Ziołowa komosa ryżowa (NW) (6 porcji)

1 szklanka komosy ryżowej
1 szklanka bulionu warzywnego (zob. str. 168)
1 szklanka wody
1 łyżka świeżego rozmarynu
1 łyżka świeżego tymianku
1 łyżka świeżej natki pietruszki
1/2 łyżeczki startej skórki z cytryny
2 łyżki siemienia lnianego
1/4 szklanki pokruszonej fety
sól morska do smaku

1. Wymieszaj komosę z bulionem warzywnym oraz wodą w garnku. Doprowadź do wrzenia, zmniejsz ogień i gotuj przez 10–12 minut.

2. Spulchnij ugotowaną komosę widelcem i wymieszaj z rozmarynem, tymiankiem, natką, startą skórką z cytryny, siemieniem lnianym i serem feta.

3. Posól i podawaj ciepłą.

Komosa z kruchymi warzywami (6 porcji)

1 mała główka brokułów
1 pęczek broccolini
10-centymetrowy kawałek palczatki cytrynowej
1 szklanka komosy ryżowej

2 szklanki wody
2 łyżeczki oliwy
1 szklanka kukurydzy (dla NW zastąpić posiekaną czerwoną słodką papryką)
2 łyżeczki startej skórki z cytryny
sól morska do smaku

1. Posiekaj brokuły i broccolini na kawałki wielkości kęsa. Zagotuj duży garnek wody, wrzuć je do wrzątku i gotuj przez 3 minuty. Wyjmij łyżką cedzakową i włóż do lodowej kąpieli (dużej salaterki z zimną wodą i lodem), żeby przerwać proces gotowania. Odcedź i odłóż na bok na papierowym ręczniku.
2. Otłucz palczatkę cytrynową tyłem noża, aby puściła aromat.
3. Zagotuj wodę z komosą oraz szczyptą soli i zmniejsz ogień. Dorzuć palczatkę. Gotuj przez 12 minut, aż komosa zmięknie i wchłonie cały płyn. Spulchnij ją widelcem i usuń palczatkę.
4. Podgrzej oliwę na dużej patelni i smaż kukurydzę, brokuły i broccolini przez 2–3 minuty. Wymieszaj warzywa z ugotowaną komosą i startą skórką z cytryny, soląc do smaku.
4. Podawaj na ciepło lub zimno.

Tabbouleh z dynią i miętą (NW) (6 porcji)

1 i 1/2 szklanki drobno posiekanej dyni
3 łyżki plus 2 łyżeczki oliwy, dodawane oddzielnie
sól morska do smaku
1 szklanka surowej komosy ryżowej
2 szklanki wody
4 szklanki porozdzieranego jarmużu
1 łyżka soku z cytryny
1 łyżka startej skórki z cytryny
2 ząbki czosnku przepuszczone przez praskę
3/4 szklanki mięty
2 szklanki natki pietruszki

1. Rozgrzej piekarnik do temperatury 200°C.

2. Ostrożnie obierz dynię, pokrój w kosteczkę i wymieszaj z 2 łyżeczkami oliwy i szczyptą soli morskiej. Ułóż w jednej warstwie na blasze i piecz przez 40–45 minut, aż dynia będzie miękka i lekko przyrumieni się od spodu i na brzegach. Odstaw na bok do ostygnięcia.

3. Wrzuć komosę do garnka z wodą i szczyptą soli morskiej. Doprowadź do wrzenia, zmniejsz ogień i gotuj przez 10 minut. Nie zdejmując pokrywki, zostaw na dalsze 4–5 minut. Spulchnij widelcem i odstaw na bok, by ostygła.

4. W tym czasie skrop jarmuż 2 łyżeczkami oliwy na blasze do pieczenia i posyp solą morską. Piecz przez 10–12 minut, aż jarmuż będzie kruchy.

5. Ubij resztę oliwy z sokiem i startą skórką z cytryny oraz czosnkiem w dużej salaterce. Wymieszaj z miętą, natką pietruszki, dynią, ugotowaną komosą oraz pieczonym jarmużem, starannie rozprowadzając dressing.

6. Podawaj w temperaturze pokojowej lub po schłodzeniu.

Pieczona eskariola (NW) (4 porcje)

2 główki eskarioli umyte i osuszone
2 łyżeczki oliwy
1/4 łyżeczki gruboziarnistej soli morskiej

1. Rozgrzej piekarnik do temperatury 190°C.

2. Odkrój zdrewniałe spody z łodyg eskarioli, a liście posiekaj grubo. Wymieszaj z oliwą i posól.

3. Ułóż eskariolę na dwóch blachach i piecz przez 10–12 minut. Po pierwszych 5 minutach wymieszaj szczypcami, dzięki czemu liście będę bardziej kruche. Powinny stać się ciemnozielone, miękkie i mieć chrupiące, lekko przyrumienione brzegi.

4. Podawaj od razu.

Kremowa polenta ryżowa (NW) (2 porcje)

1/2 szklanki kaszki z brązowego ryżu
1 łyżeczka suszonej natki pietruszki
1/4 szklanki mozzarelli
2 łyżeczki oliwy
1/2 łyżeczki sproszkowanej cebuli

1. Ugotuj kaszkę z brązowego ryżu według instrukcji podanych na opakowaniu. Dwie minuty przed końcem gotowania dodaj pozostałe składniki: natkę pietruszki, ser, oliwę oraz cebulę w proszku, stale mieszając.
2. Podawaj od razu.

PORADA

Jeśli kaszka będzie gotowa szybciej niż reszta składników i stanie się zbyt gęsta, wlewaj do niej po łyżce ciepłej wody naraz, aż uzyskasz odpowiednią konsystencję.

Przekąski

Wydaje mi się, że większości ludziom najtrudniej wykazać się pomysłowością w przyrządzaniu przekąsek i wymyślaniem na nie nowych przepisów, które nie byłyby przesadnie skomplikowane. W tym rozdziale znajdziesz trochę nowych opcji, dzięki którym przygotowanie przekąsek stanie się łatwiejsze, a one same będą smaczniejsze i zdrowsze. Niektóre z nich nadają się na zakąski na przyjęcia lub takie okazje, kiedy masz akurat nieco wolnego czasu, by przygotować coś specjalnego.

Tosty z serem (NW) (2 porcje)

2 kromki chleba orkiszowego
1 ząbek czosnku przepołowiony
2 łyżeczki oliwy
2 cienkie plasterki świeżej mozzarelli
1/2 łyżeczki suszonego oregano

1. Rozgrzej mocno piekarnik lub opiekacz.
2. Opiecz lekko chleb i natrzyj przepołowionym ząbkiem czosnku (uciętą stroną), skrop oliwą i przybierz mozzarellą i oregano.
3. Wstaw tosty pod opiekacz na 1–2 minuty lub do czasu, aż ser się roztopi i zacznie wrzeć. Uważaj, żeby ser się nie przypalił.
4. Podawaj na ciepło.

Salsa z dyni (NW) (4 porcje)

1 szklanka posiekanej słodkiej cebuli
1 duży ząbek czosnku przepuszczony przez praskę
2 łyżeczki oliwy
1 duży pasternak
2 średnie cukinie
1 szklanka purée z dyni piżmowej
1/2 szklanki bulionu warzywnego (str. 168)
1 łyżka posiekanej świeżej szałwii
sól morska do smaku

1. Smaż cebulę i czosnek w dwulitrowym rondlu na oliwie przez 6–8 minut.
2. Posiekaj pasternak i cukinię w kosteczkę o boku około 1,2 cm. Dodaj do cebuli i czosnku i smaż, aż będą miękkie – mniej więcej przez 10 minut.
3. Dodaj przetartą dynię, bulion warzywny i szałwię. Doprowadź do wrzenia i gotuj przez 5 minut.
4. Przypraw solą morską i podawaj salsę na ciepło lub ostudź w lodówce i serwuj na zimno.

Surowe warzywa z kremowym dipem z sera koziego (NW) (4 porcje)

Dip:
120 g miękkiego sera koziego
2 łyżki posiekanego kopru
2 łyżeczki syropu z agawy
1/2 łyżeczki soli morskiej
1 łyżka soku z cytryny
1 łyżka mleczka migdałowego

Surowe warzywa:
młode małe marchewki
różyczki brokułów
kalarepa pokrojona w słupki

1. Wymieszaj starannie w salaterce wszystkie składniki przeznaczone na dip: ser, koper, syrop z agawy, sól morską, sok z cytryny i mleczko migdałowe, aby przyprawy dobrze się połączyły.
2. Przełóż dip do mniejszego naczynia i podawaj na talerzu z warzywami.

Hummus z fasoli adzuki (NW) (4 porcje)

1 i 1/2 szklanki ugotowanej (lub z puszki) fasoli adzuki, przepłukanej i osączonej
1/2 szklanki świeżej posiekanej bazylii
2 łyżki posiekanej świeżej natki pietruszki
1 ząbek czosnku przepuszczony przez praskę
2 łyżeczki oliwy
1 łyżka orzechów włoskich
1 łyżeczka starej skórki z cytryny

1. Włóż wszystkie składniki (fasolę, bazylię, natkę, czosnek, oliwę, orzechy włoskie i startą skórkę z cytryny) do pojemnika robota kuchennego lub małego rozdrabniacza i zmiksuj na jednolitą papkę. Po-

dawaj z chrupkami z siemienia lnianego (NW) (zob. niżej) lub surowymi warzywami.

Chrupki z siemienia lnianego (NW) (4 porcje)

1 szklanka grubo zmielonego siemienia lnianego
2/3 szklanki gorącej wody
1/4 łyżeczki soli morskiej
1/4 szklanki pestek dyni
3 łyżki mąki z migdałów

1. Wymieszaj siemię lniane z wodą i odstaw na 15 minut. Po tym czasie siemię przybierze postać gęstej mazi.

2. Rozgrzej piekarnik do temperatury 100°C.

3. Dodaj do siemienia resztę składników i wymieszaj. Masa będzie miała nieco gęstszą konsystencję niż ciasto na wypieki. Przykryj blachę do pieczenia pergaminem i nałóż na środek masę z siemienia. Spryskaj szpatułkę sprayem do natłuszczania lub posmaruj oliwą, aby ułatwić sobie rozprowadzanie masy, która nie będzie wtedy się lepić. Postaraj się rozprowadzić siemię na cienką warstwę pokrywającą całą blachę, tak równo jak to możliwe.

4. Piecz w piekarniku rozgrzanym do temperatury 100°C przez 2 godziny. Po tym czasie chrupki powinny się zestalić i mieć nieco gumowatą konsystencję.

5. Zwiększ temperaturę piekarnika do 200°C i piecz dalej przez 10 minut, aby chrupki stały się kruche. Ostrożnie przewróć je na drugą stronę i piecz jeszcze przez 5–6 minut. Stwardnieją i będą kruche z obu stron. Poczekaj, aż ostygną, i połam je na kawałki wielkości czipsów tortilla.

6. Podawaj w temperaturze pokojowej i przechowuj w chłodnym, suchym miejscu lub w zamrażarce.

PORADA

Całe siemię lniane jest dłużej przydatne do spożycia niż mielone, a więc kupuj całe nasiona i miel je w młynku do kawy lub za pomocą robota kuchennego w takiej ilości, jakiej potrzebujesz, aby maksymalnie wydłużyć ich trwałość.

Sałatka jajeczna z przyprawami (NW) (4 porcje)

4 duże jaja
1/2 łyżeczki mielonej gorczycy
1 łyżka świeżej posiekanej natki pietruszki
1/4 łyżeczki soli morskiej
1/2 łyżeczki curry w proszku
1/8 łyżeczki kurkumy
2 łyżeczki oliwy
2 łyżeczki soku z cytryny

1. Zacznij od ugotowania jaj na twardo. Włóż je do rondla i zalej zimną wodą. Doprowadź do wrzenia i wyłącz ogień. Nastaw minutnik na 14 minut, a kiedy jajka będą gotowe, przepłucz je zimną wodą. Obierz jaja ze skorupki, posiekaj i włóż do dużej salaterki.
2. Dodaj resztę składników i wymieszaj, żeby się połączyły.
3. Podawaj na łodygach selera lub między dwoma tostami z mąki z brązowego ryżu.

Twaróg z burakami na liściach endywii (4 porcje)

2 średnie buraki pomarańczowe
2 średnie buraki czerwone
2 łyżeczki oliwy
1/4 szklanki twarogu

1/4 szklanki posiekanych orzechów włoskich
1 łyżeczka soku z cytryny
sól morska do smaku
2 główki endywii

1. Rozgrzej piekarnik do temperatury 200°C.
2. Odetnij spody i górne części buraków pomarańczowych i czerwonych i je wyszoruj. Piecz przez 60–65 minut lub do czasu, aż dadzą się łatwo nakłuć nożem.
3. Poczekaj 10 minut, aż nieco ostygną, a potem ostrożnie obierz je ze skóry małym nożykiem i pokrój w kostkę o boku 1,2 cm. Wymieszaj w salaterce z serem, orzechami włoskimi i sokiem z cytryny. Przypraw solą morską do smaku.
4. Nałóż po około 2 łyżeczki nadzienia na każdy liść endywii.
5. Serwuj od razu lub schłodź pod przykryciem w lodówce do czasu podania.

PORADA

Świeże buraki występujące w tym przepisie można zastąpić gotowanymi kupionymi w sklepie, w puszce lub opakowaniu próżniowym, ale te z puszki zwykle sporo tracą ze swojego smaku i nie są tak słodkie.

Marynowana mozzarella (NW) (4 porcje)

1/2 szklanki oliwy extra virgin
1 łyżeczka gruboziarnistej soli
2 ząbki czosnku przepuszczone przez praskę
2 łyżki posiekanej bazylii
2 oliwki kalamata drobno posiekane
450 g świeżej mozzarelli w kulkach

1. Wymieszaj oliwę z solą morską, czosnkiem, bazylią i oliwkami w średniej salaterce, aby wszystkie składniki dobrze się połączyły. Dodaj kulki sera mozzarella, wymieszaj, aby je obtoczyć, i wstaw do

lodówki na 2 godziny lub dłużej. Wyjmij z lodówki na 15 minut przed podaniem, aby oliwa nabrała temperatury pokojowej.

2. Marynowaną mozzarellę można przechowywać w lodówce do tygodnia.

PORADA

Jeśli nie możesz znaleźć w sklepach mozzarellii w małych kulkach, kup jedną dużą kulę i pokrój na kawałki długości około 2,5–5 cm.

Mieszanka orzechowa z rozmarynem (NW) (6 porcji)

2 łyżki świeżego rozmarynu
1/2 łyżeczki soli
1 łyżka syropu klonowego
2 łyżeczki masła ghee
1 szklanka orzechów czarnych
1/2 szklanki orzechów ziemnych
1/2 szklanki pestek dyni

1. Rozgrzej piekarnik do temperatury 160°C.
2. Wymieszaj wszystkie składniki w misce i rozłóż na blasze. Piecz przez 25 minut, mieszając po upłynięciu połowy tego czasu. Gotowe orzechy puszczą aromat i będą lekko przyrumienione. Ostudź i przełóż do salaterki, aby podać.
3. Przechowuj w chłodnym i suchym miejscu do tygodnia.

Broccolini z orzechami włoskimi owijane w chrupiący bekon (NW) (6 porcji)

2 łyżki syropu klonowego
1 łyżeczka mielonego imbiru
1/2 szklanki posiekanych orzechów włoskich
2 pęczki broccolini
2 łyżeczki oliwy
5 plastrów bekonu z indyka (bez azotanów i konserwantów)

1. Rozgrzej piekarnik do temperatury 190°C.
2. Wymieszaj w niewielkiej salaterce syrop klonowy z mielonym imbirem i orzechami włoskimi. Odstaw na bok.
3. Przygotuj broccolini, odcinając i wyrzucając zdrewniałe końce i rozdzielając broccolini na pojedyncze łodygi. Wymieszaj z oliwą.
4. Następnie przekrój plastry bekonu wzdłuż, a potem potnij na trzy części. Owiń bekonem wszystkie łodygi broccolini i ułóż na drucianej podstawce.
5. Ustaw ją na blasze do pieczenia. Nałóż na broccolini owinięte w bekon masę z orzechów włoskich i syropu klonowego.
6. Piecz przez 10–12 minut na środkowej półce piekarnika. Po tym czasie orzechy zaczną pachnieć, a brzegi bekonu się przyrumienią.
7. Podawaj na ciepło.

Bruschetta z karczochami (NW) (2 porcje)

1 łyżka oliwy w dawce podzielonej
1 szklanka rozmrożonych serc karczochów, posiekanych
1/4 szklanki drobno posiekanej cebuli
1/4 łyżeczki soli morskiej
2 szklanki posiekanego szpinaku
3 kromki chleba ze skiełkowanej pszenicy lub mąki orkiszowej
1 przepołowiony ząbek czosnku
1/4 szklanki pokruszonego sera feta

1. Rozgrzej średnią patelnię na umiarkowanym ogniu i wlej 2 łyżeczki oliwy. Smaż karczochy i cebulę przez 4–5 minut. Przypraw solą morską i dodaj szpinak; duś dalej przez 2–3 minuty.

2. W tym czasie opiecz lekko chleb i natrzyj go przepołowionym ząbkiem czosnku. Skrop tosty równo resztą oliwy.

3. Zdejmij warzywa z ognia i wymieszaj z serem feta. Szpinak będzie zwiotczały, a cebula i karczochy miękkie i gorące.

4. Rozłóż je równo na tostach i podawaj na ciepło lub w temperaturze pokojowej.

Chrupiące placki warzywne (NW) (4 porcje)

1 szklanka startego selera korzeniowego
1 szklanka startego fenkułu
2 łyżki startej cebuli
2 szklanki szpinaku
1/2 łyżeczki startej skórki z cytryny
1 łyżka posiekanej szałwii
1 duże jajo
2 łyżki mąki z brązowego ryżu
1/3 szklanki bułki tartej (str. 169)
2 łyżeczki oliwy

1. Utrzyj seler, fenkuł i cebulę za pomocą robota kuchennego lub ręcznej tarki. Włóż warzywa do salaterki. Posiekaj drobno szpinak i dodaj do utartych jarzyn z resztą składników. Wymieszaj.

2. Łyżką do lodów, dzięki której odmierzysz właściwe porcje, nakładaj masę warzywną na dużą patelnię z rozgrzaną oliwą, ustawioną na średnim ogniu. Zachowaj odstęp około 2,5 cm między plackami. Smaż przez 2–3 minuty, a potem odwróć na drugą stronę i smaż przez kolejne 2–3 minuty. Placki powinny być chrupkie i zrumienione z obu stron, ciepłe i miękkie, ale usmażone w środku.

3. Podawaj na ciepło.

Domowy mus jabłkowy (NW) (6 porcji)

2 jabłka odmiany Red Delicious (organiczne) lub około 2 szklanki posiekanych
2 jabłka Granny Smith (organiczne) lub około 2 szklanki posiekanych
1 laska cynamonu
1/2 szklanki soku jabłkowego
1/2 szklanki mrożonych lub świeżych żurawin organicznych
1–2 łyżki syropu z agawy

1. Obierz jabłka i pokrój w kostkę o boku około 2,5 cm.
2. Włóż do rondla składniki przeznaczone do gotowania: jabłka, cynamon, sok jabłkowy i żurawiny. Dodaj na początku jedną łyżkę syropu z agawy, ale jeśli jabłka i żurawiny nie są zbyt słodkie, być może trzeba będzie dodać drugą. Gotuj przez 30 minut lub do momentu, aż kawałki jabłek się rozpadną, tworząc papkę.
3. Od czasu do czasu zamieszaj, a potem zdejmij z ognia i podawaj na ciepło lub po schłodzeniu.

Sałatka owocowa z dressingiem z mięty i limety (NW) (6 porcji)

1/2 szklanki suszonych żurawin
2 szklanki świeżych wiśni, pokrojonych
2 organiczne brzoskwinie
1 ananas
5 organicznych moreli
starta skórka i sok z 2 limet
1 łyżeczka syropu z agawy
1/2 szklanki drobno posiekanych liści mięty

1. Namocz pod przykryciem żurawinę w gorącej wodzie przez 10 minut.

2. Pokrój brzoskwinie, ananasa i morele na kawałki długości 1,2 cm i wymieszaj z wiśniami w dużej salaterce.

3. Odcedź żurawinę i osusz delikatnie na papierowym ręczniku.

4. Wymieszaj skórkę oraz sok z limety z syropem z agawy oraz miętą i polej sałatkę owocową, dodając do niej żurawinę. Wymieszaj i podawaj po schłodzeniu.

Czipsy z gruszek i jabłek (NW) (4 porcje)

2 gruszki odmiany Bosc
2 gruszki odmiany Bartlett
2 jabłka odmiany Braeburn
1/4 łyżeczki cynamonu

1. Rozgrzej piekarnik do temperatury 110°C. Wyłóż dwie blachy do pieczenia papierem pergaminowym.

2. Pokrój gruszki i jabłka nożem w krążki tak cienko, jak się da, lub użyj w tym celu szatkownicy. Ułóż pokrojone owoce w jednej warstwie na blachach do pieczenia i posyp równo cynamonem.

3. Piecz przez 2 godziny, obracając na drugą stronę po upływie połowy tego czasu.

4. Ostudź i podawaj.

Pieczony grejpfrut z miodem i cynamonem (NW) (4 porcje)

2 całe czerwone grejpfruty, przepołowione
2 łyżeczki miodu
1/2 łyżeczki cynamonu

1. Rozgrzej piekarnik do 200°C.

2. Kiedy przekroisz grejpfruta na pół, przytnij nieco zaokrąglony spód, żeby stworzyć stabilną podstawę. Ułóż połówki na blasze do pieczenia, przeciętą stroną do góry.

3. Skrop wszystkie połówki równo miodem i posyp cynamonem.

4. Piecz przez 5–6 minut, a potem opiekaj jeszcze przez 1–2 minuty, aż brzegi grejpfrutów się przyrumienią i owoce będą gorące, a wierzch zacznie wrzeć.

Opiekany ananas z syropem cynamonowym (NW)

(4 porcje)

2 łyżeczki oliwy jasnej
1 świeży ananas
*1/4 szklanki syropu cynamonowego**

1. Rozgrzej patelnię grillową na średnim ogniu. Posmaruj oliwą, aby stworzyć powierzchnię zapobiegającą przywieraniu.
2. Odkrój skórę z ananasa, usuń rdzeń i pokrój miąższ w okrągłe plastry.
3. Posmaruj krążki ananasa syropem cynamonowym i ułóż na patelni grillowej posmarowaną stroną w dół. Smaż przez 2–3 minuty, a potem posmaruj ananasa syropem cynamonowym z drugiej strony.
4. Odwróć na drugą stronę i smaż przez kolejne 2–3 minuty.
5. Podawaj ciepłe.

Wafle ryżowe z masłem arachidowym z kawałkami czekolady (NW) (2 porcje)

4 łyżki masła z orzechów ziemnych
2 wafle ryżowe
1 banan
2 łyżki drobinek ciemnej czekolady
1 łyżeczka miodu

1. Posmaruj każdy wafel ryżowy 2 łyżkami masła z orzechów ziemnych, przybierz plasterkami z banana, łyżką drobin czekoladowych i skrop 1/2 łyżeczki miodu.

---

* Zob. przepis na syrop cynamonowy, str. 167.

Figi faszerowane masłem z orzechów włoskich z karobem (NW) (2 porcje)

5 świeżych lub suszonych fig
1/2 szklanki połówek orzechów włoskich
2 łyżki pekanów
*1 łyżka wyciągu ze strąków karobu (chleba świętojańskiego)**
plus trochę do przybrania
1 łyżeczka oliwy
3 łyżki gorącej wody
sól morska do smaku

1. Przekrój figi na pół.
2. Zmiksuj za pomocą robota kuchennego orzechy włoskie z pekanami, ekstraktem z karobu i oliwą. Podczas miksowania wlej gorącą wodę, aby mieszanka przybrała postać gęstej pasty podobnej w konsystencji do naturalnego masła z orzechów ziemnych. Posól do smaku.
3. Nałóż po około łyżeczce masy orzechowej na figi i skrop dodatkową porcją wyciągu z karobu, jeśli chcesz.

* Informacje na temat tego, gdzie można kupić wyciąg z karobu (Carob Extract), znajdziesz w dodatku II w części poświęconej produktom.

Napoje

Ilekroć rozpoczynamy nową dietę warto mieć dostęp do wielu smacznych dań, zwłaszcza na samym początku. Pomoże nam to w prosty sposób urozmaicać codziennie menu. Ponadto wielu z nas ma zwyczaj picia kawy, czarnej herbaty lub napojów gazowanych, a dzięki przedstawionym w tym rozdziale propozycjom napojów możemy zastąpić dawne nawyki, które próbujemy porzucić. Dodano tutaj również przepisy na koktajle owocowe, którymi można urozmaicić przekąski lub śniadania, a może nawet zastąpić nimi koktajle mleczne, które tak nas kuszą w upalne letnie miesiące!

Zdrojowa woda ananasowa (NW) (4 porcje)

2 gałązki mięty
6 szklanek wody
4 plastry ananasa grubości około 0,6 cm

1. Umyj miętę i włóż do dużego dzbanka z wodą i plastrami ananasa. Schładzaj w lodówce przez 2–3 godziny.
2. Podawaj z lodem.

Zielony sok odtruwający (4 porcje)

1 pęczek jarmużu
5 dużych marchwi
3 jabłka
5-centymetrowy kawałek imbiru

1. Przepuść wszystkie składniki przez sokowirówkę, po jednym naraz. Wlej sok do wysokiej szklanki i wymieszaj. Najlepiej wypić go od razu.

Sok z marchwi, jabłka i jarmużu z imbirem (NW) (4 porcje)

pęczek jarmużu
1/2 cytryny
4 duże marchwie
4 jabłka
7,5-centymetrowy kawałek świeżego korzenia imbiru

1. Umyj i osusz warzywa. Odetnij twarde końcówki od jarmużu i marchwi. Przepuść jarmuż, cytrynę, marchew, jabłka oraz imbir przez sokowirówkę, po jednym naraz. Wymieszaj wszystko i wypij.

PORADA

Soki warzywne można przechowywać w lodówce do trzech dni, ale największą wartość odżywczą mają wtedy, gdy spożywa się je zaraz po przyrządzeniu.

Mrożona herbatka z rumianku (NW) (4 porcje)

4 szklanki wody
1/2 szklanki brzoskwiń pokrojonych w plasterki
1 szklanka liści mięty
4 torebki rumianku do zaparzania
1/4 szklanki nektaru brzoskwiniowego

1. Zagotuj lekko wodę i zestaw z ognia.
2. Dodaj brzoskwinie, liście mięty i torebki z rumiankiem i zaparzaj przez 4–5 minut. Wyjmij torebki z rumiankiem i schładzaj napój w lodówce przez około godzinę.
3. Wlej do niego nektar brzoskwiniowy, wymieszaj i podawaj z lodem.

Herbata matcha mojito (NW) (4 porcje)

6 szklanek wody
1 szklanka świeżej mięty
sok i starta skórka z 1 limety
2 łyżeczki herbaty matcha (japońska herbata w proszku)
1 łyżka miodu

1. Podgrzej wodę niemal do punktu wrzenia. Dodaj miętę, startą skórkę oraz sok z limety. Przykryj na 5 minut, aby się zaparzyły.

2. Wsyp sproszkowaną herbatę do szklanego dzbanka odpornego na wysoką temperaturę i wlej powoli wodę z miętą, stale mieszając. Odcedź miętę i skórkę z limety z herbaty.

3. Na koniec dodaj miód i podawaj.

Charakterystyczny składnik: matcha

Matcha to rodzaj zielonej herbaty w proszku. Liście herbaty ususzone na słońcu mieli się drobno, a następnie zalewa gorącą, ale nie wrzącą wodą. Matcha była niegdyś używana podczas japońskiej ceremonii picia herbaty i dopiero niedawno stała się popularna w Stanach Zjednoczonych. Pijąc tę herbatę, przyswajamy całe jej liście, a nie tylko napar z nich, dlatego też spożywamy o wiele więcej przeciwutleniaczy. Matchę można też dodawać do wypieków, takich jak ciasta i ciasteczka.

Słodka herbatka z bazylii i imbiru (NW) (2 porcje)

4 szklanki wody
5-centymetrowy kawałek korzenia imbiru grubo posiekany
1/4 szklanki porozdzieranych liści bazylii
1 łyżeczka syropu z agawy

1. Zagotuj wodę z imbirem, zdejmij z ognia i wrzuć liście bazylii. Namaczaj co najmniej przez 3 minuty. Wymieszaj z syropem z agawy i podawaj na ciepło.

Mrożona kawa z mleczkiem sojowym i przyprawami do masala czaj (NS) (2 porcje)

5 szklanek gotowej kawy
1 cały goździk
1 laska cynamonu

1/4 łyżeczki suszonego imbiru
1/8 łyżeczki mielonego kardamonu
2 łyżki syropu z agawy
1/2 szklanki mleczka sojowego

1. Wlej przygotowaną kawę do rondla, dodając goździk, laskę cynamonu, imbir, kardamon i syrop z agawy.
2. Podgrzewaj na średnim ogniu przez 8–10 minut, mieszając od czasu do czasu.
3. Wyjmij laskę cynamonu i goździk, po czym zdejmij kawę z ognia. Ostudź i wstaw do lodówki na około godzinę.
4. Kiedy się schłodzi, wlej do szklanego dzbanka i dodaj mleczko sojowe (jeśli chcesz, możesz dodać go więcej).
5. Podawaj z lodem w schłodzonych szklankach.

Koktajl „jagodowa bonanza" (NW) (2 porcje)

1/2 szklanki malin
1/2 szklanki ananasa
3/4 szklanki jagód
1 szklanka porozdzieranego jarmużu
1 szklanka mleczka sojowego
2 łyżki masła z orzechów ziemnych
2 łyżeczki syropu z agawy
1 łyżka siemienia lnianego
*2 miarki mieszanki proteinowej w proszku – dla grupy A**

1. Włóż wszystkie składniki do pojemnika miksera i starannie zmiksuj, przelej do dwóch szklanek i podawaj na zimno.

* Informacje na temat tego, gdzie kupić mieszankę proteinową w proszku dla grupy A (Protein Blend Powder – Type A), znajdziesz w dodatku II, w części produkty.

Kremowy koktajl z masłem orzechowym (NW)
(2 porcje)

4 śliwki suszone
*2 łyżki mieszanki proteinowej w proszku – dla grupy A**
250 ml mleczka sojowego
1/4 szklanki rozgniecionego awokado
1 łyżka siemienia lnianego
1 i 1/2 łyżki masła z orzechów ziemnych

1. Zmiksuj wszystkie składniki za pomocą robota kuchennego lub miksera. Aby to ułatwić, wlej najpierw płyn. Podawaj po schłodzeniu.

Tropikalny koktajl z jarmużu (NW) (4 porcje)

1 szklanka mrożonego ananasa pokrojonego w kostkę
1/3 szklanki mrożonych brzoskwiń pokrojonych w plasterki
1/4 szklanki mrożonego jarmużu
3/4 szklanki soku grejpfrutowego
2 łyżeczki syropu z agawy
*2 łyżki mieszanki proteinowej w proszku – dla grupy A**
1/2 łyżeczki mielonego cynamonu

1. Włóż wszystkie składniki do pojemnika miksera i starannie zmiksuj. Jeśli korzystasz z miksera ręcznego, umieść wszystkie składniki w dużym naczyniu i zmiksuj.

---

* Informacje na temat tego, gdzie kupić mieszankę proteinową w proszku dla grupy A (Protein Blend Powder – Type A), znajdziesz w dodatku II, w części produkty.

Desery

Czym byłaby książka kucharska bez deserów? Najlepszym sposobem trzymania się jakiejkolwiek diety jest realistyczne podejście do naszego zamiłowania do słodyczy i pozwalanie sobie od czasu do czasu na jakiś słodki smakołyk. Choć przedstawione tutaj przepisy wyglądają tak, jakbyśmy folgowali swoim zachciankom, to zostały opracowane w taki sposób, aby były możliwie najzdrowsze, a jednocześnie pozwalały na przygotowanie deseru, który by nas zadowalał. Używam melasy lub syropu z agawy zamiast cukru, dozwolonych zbóż oraz małej ilości tłuszczu, dodaję też do deserów czekolady.

Ciastka czekoladowe (NW) (8 porcji)

1 szklanka mąki orkiszowej
1/2 szklanki mąki owsianej
1 łyżeczka proszku do pieczenia
1/2 łyżeczki soli morskiej
2 łyżki kakao w proszku
2 jaja
1/4 szklanki musu jabłkowego
3 łyżki masła ghee (roztopionego i schłodzonego) lub oliwy jasnej
1/2 szklanki syropu z agawy
60 g ciemnej czekolady 100%, startej
1/2 szklanki wiórków czekoladowych
1/4 szklanki ciepłej wody

1. Rozgrzej piekarnik do temperatury 180°C.
2. Wymieszaj suche składniki w dużej salaterce: mąkę orkiszową z mąką owsianą, proszkiem do pieczenia, solą i kakao w proszku. Odstaw na bok.
3. W innej salaterce ubij jaja z musem jabłkowym, masłem ghee oraz agawą. Dodaj masę jajeczną do miski z suchymi składnikami i wymieszaj.
4. Roztop czekoladę w podwójnym garnku. Jeżeli takiego nie masz, ustaw szklaną salaterkę na małym rondlu wypełnionym w 1/3 wodą (nie powinna dotykać spodu miski). Doprowadź do wrzenia i wrzuć startą czekoladę. Poczekaj, aż się roztopi pod wpływem ciepła. Dodaj czekoladę i 1/4 szklanki ciepłej wody do ciasta i wymieszaj.
5. Przelej ciasto do natłuszczonego naczynia do pieczenia o wymiarach 20 x 20 cm i piecz przez 30 minut lub do czasu, kiedy się zetnie albo tester włożony do ciasta będzie czysty po wyjęciu.
6. Wyjmij ciasto z piekarnika i wyłącz ogień. Rozprowadź na wierzchu 1/2 szklanki wiórków czekoladowych i wstaw ponownie do piekarnika na 2–3 minuty. Rozprowadź równo roztopioną czekoladę szpatułką.
7. Studź przez 10 minut, pokrój ciasto na porcje i podawaj na ciepło. Można je przechowywać w chłodnym i suchym miejscu przez dwa dni lub w zamrażarce do miesiąca.

Fondue czekoladowo-wiśniowe (NW) (6 porcji)

60 g ciemnej czekolady 100%
2 łyżki syropu z agawy
1 szklanka soku wiśniowego
1 łyżka dżemu z wiśni
2 łyżeczki masła ghee

Owoce do maczania:
1 szklanka pokrojonego ananasa
1 szklanka suszonych moreli
1 szklanka jabłek pokrojonych w plasterki

1. Utrzyj czekoladę do salaterki.
2. Podgrzej w rondlu syrop z agawy, sok i dżem wiśniowy oraz masło ghee, aż zaczną wrzeć, po czym zdejmij z ognia. Wlej miksturę do czekolady i wymieszaj.
3. Podawaj z owocami do maczania.

Solone zlepki orzechowe z czekoladą (NW) (6 porcji)

1 szklanka całych migdałów
1/2 szklanki pokrojonych orzechów włoskich
1/2 szklanki przepołowionych orzechów makadamia
2 łyżeczki melasy trzcinowej
1 łyżeczka syropu z agawy
1/2 szklanki drobin czekoladowych
1 łyżeczka gruboziarnistej soli morskiej

1. Rozgrzej piekarnik do temperatury 180°C.
2. Wrzuć migdały, orzechy włoskie oraz makadamia do salaterki średniej wielkości i wymieszaj.
3. Podgrzewaj melasę z syropem z agawy przez 30 sekund w rondelku, żeby się rozpuściła. Skrop tym płynem orzechy i wymieszaj.
4. Bardzo ostrożnie nakładaj porcje mieszanki orzechowej wielkości mniej więcej jednej łyżki na drucianą podstawkę (jeżeli takiej nie

masz, możesz nałożyć taką samą ilość do małych foremek do ciastek, spryskanych oliwą w sprayu). Wstaw drucianą podstawę lub formy do piekarnika na 8–10 minut.

5. Wyjmij i ostudź. Po ostygnięciu wstaw do zamrażarki co najmniej na 10 minut.

6. W tym czasie roztop czekoladę w podwójnym garnku. Postaraj się, żeby woda w dolnym garnku nie dotykała dna górnego garnka, aby zapobiec przypaleniu.

7. Wyjmij zlepki orzechowe z zamrażarki, nałóż na nie roztopioną czekoladę, posyp równo solą morską i zamrażaj jeszcze przez 10 minut.

8. Podawaj na zimno lub w temperaturze pokojowej. Przechowuj w szczelnie zamykanym szklanym pojemniku do tygodnia lub zamrażarce do miesiąca.

Czekoladowe trufle posypane kakao (NW) (6 porcji)

250 g ciemnej czekolady 100%
1/4 szklanki masła ghee
2/3 szklanki syropu z agawy
1/2 szklanki mleczka migdałowego lub sojowego
1/8 łyżeczki gruboziarnistej soli morskiej
3 łyżki kakao w proszku

1. Zetrzyj czekoladę i wrzuć do średniej salaterki. Podgrzej masło ghee, syrop z agawy i mleczko wraz z solą w rondlu. Polej ciepłym płynem czekoladę, stale mieszając, aż mikstura nabierze jednolitej konsystencji.

2. Poczekaj, aż ostygnie do temperatury pokojowej, a potem przykryj szczelnie i wstaw do lodówki na około 2–3 godziny, aby czekolada stężała.

3. Łyżką, zwykłą lub specjalną do wybierania miąższu melona, nabieraj masę czekoladową, formując z niej kulki nieco mniejsze od piłek golfowych, a potem delikatnie obtocz je w sproszkowanym kakao. Wstaw do lodówki do czasu podania.

4. Przechowuj w szczelnie zamykanym pojemniku w lodówce do tygodnia.

Charakterystyczny składnik: syrop z agawy

To naturalny słodzik pozyskiwany z rośliny zwanej agawą, powszechnie występującej w południowo-zachodnich rejonach Ameryki, również w Meksyku. Agawa znana jest z tego, że stanowi podstawowy składnik tequili. Syrop, zwany też nektarem, z agawy można wykorzystywać do pieczenia i gotowania jako zamiennik cukru, jednakże nie w stosunku 1:1, gdyż słodzik z agawy występuje w postaci płynnej. Ma on łagodny smak podobny do miodu, ale o wiele mniej wyczuwalny.

Ciasto figowe (NW) (12 porcji)

Ciasto:

2/3 szklanki mąki z brązowego ryżu
1/4 szklanki mąki z prosa
1/4 szklanki mąki ararutowej
1 łyżeczka proszku do pieczenia
1/2 łyżeczki soli morskiej
2 duże jaja
4 łyżki roztopionego masła ghee i trochę zimnego do natłuszczenia
2 duże białka

Przybranie:

1/2 szklanki dżemu figowego
1/2 szklanki suszonych fig pokrojonych na kawałki długości około 1,2 cm
1/4 szklanki syropu z agawy
2 lekko roztrzepane jaja
1 białko
2 łyżeczki startej skórki z cytryny
1/2 łyżeczki mielonego cynamonu
1/8 łyżeczki mielonych goździków
2 łyżki mąki z brązowego ryżu

1. Rozgrzej piekarnik do temperatury 180°C i natłuść naczynie do pieczenia o wymiarach 23 x 28 cm.

2. Wymieszaj mąkę z brązowego ryżu, prosa i ararutową z proszkiem do pieczenia i solą morską w dużej salaterce.

3. Ubij całe jaja z ostudzonym masłem ghee i wlej do masy mącznej, mieszając, aż stanie się jednolita i nie będzie miała grudek.

4. W czystym szklanym naczyniu ubij białka na sztywną pianę. Połącz ją z ciastem, dodając po 1/3 piany naraz.

5. Wlej ciasto do formy i piecz przez około 15 minut, aż zacznie tężeć.

6. Kiedy ciasto zacznie się zestalać, dodaj wszystkie składniki na przybranie: dżem figowy, suszone figi, syrop z agawy, jaja i białko, skórkę z cytryny, cynamon, goździki oraz mąkę, starannie wszystko mieszając.

7. Wyjmij ciasto z piekarnika po 15 minutach pieczenia i rozprowadź na nim równo przybranie. Wstaw z powrotem do piekarnika i piecz dalej przez 35–40 minut lub do czasu, aż tester wsunięty do ciasta będzie czysty po wyjęciu.

8. Podawaj na ciepło lub w temperaturze pokojowej. Ciasto można przechowywać w chłodnym i suchym miejscu przez 1–2 dni lub zamrażać do miesiąca.

Biscotti migdałowo-żurawinowe (NW) (12 porcji)

3/4 szklanki suszonych żurawin
1 szklanka mąki z amarantusa
1 i 1/2 szklanki mąki z brązowego ryżu plus trochę do rozwałkowania ciasta
3 łyżeczki proszku do pieczenia
1/2 łyżeczki drobnej soli morskiej
1 szklanka migdałów w płatkach
3 duże jaja
1 łyżeczka startej skórki z cytryny
1/3 szklanki syropu z agawy
1/3 szklanki dżemu morelowego
1/2 szklanki wiórków czekoladowych nie wywołujących alergii (niekoniecznie)

1. Rozgrzej piekarnik do temperatury 180°C.

2. Wrzuć żurawiny do salaterki, zalej gorącą wodą i odstaw na 10 minut do namoknięcia.

3. Wymieszaj w dużej misce mąkę z amarantusa z mąką z brązowego ryżu, proszkiem do pieczenia, solą i migdałami.

4. W innej salaterce ubij jaja ze skórką z cytryny, syropem z agawy i dżemem morelowym. Dodaj masę jajeczną do suchych składników i mieszaj, aż się połączą. Odcedź żurawiny i osusz. Wymieszaj je z ciastem na biscotti.

5. Utwórz z ciasta kulę i ułóż ją na blacie posypanym mąką. Delikatnie rozwałkuj ciasto rękami na długi rozpłaszczony wałek długości blachy do pieczenia. Połóż je na blasze (długości 42–45 cm) wyłożonej pergaminem i piecz w temperaturze 180°C przez 30 minut. Następnie wyjmij z piekarnika i odstaw na 5 minut do ostygnięcia. W tym momencie ciasto będzie miało konsystencję miękkiego chleba. Potnij je ukośnie ząbkowanym nożem na kawałki grubości około 2 cm. Ułóż je płasko na blasze do pieczenia i piecz dalej przez 25 minut, przekładając na drugą stronę w połowie tego czasu, aby całe ciasteczka były suche i chrupiące.

6. Wyjmij z piekarnika i ostudź na drucianej podstawce. Podgrzej wiórki czekoladowe (jeśli ich używasz) w podwójnym garnku, żeby się rozpuściły. Następnie nałóż na ostudzone biscotti z jednej strony i poczekaj, aż czekolada stężeje.

7. Podawaj w temperaturze pokojowej. Przechowuj w chłodnym i suchym miejscu do następnego dnia lub w zamrażarce do miesiąca.

Ciastka z kawałkami czekolady (NW) (4 porcje)

1/2 szklanki mąki orkiszowej
1/2 szklanki mąki owsianej
1 łyżeczka soli morskiej
1/2 łyżeczki proszku do pieczenia
1/2 łyżeczki sody oczyszczonej
1/2 szklanki miękkiego masła ghee
1/2 szklanki syropu z agawy

1 łyżka melasy
1 łyżeczka wanilii
1/2 szklanki wiórków czekoladowych bez składników alergizujących

1. Rozgrzej piekarnik do temperatury 180°C i wyłóż pergaminem blachę do pieczenia o wymiarach 38 x 25 cm.
2. Wymieszaj w dużej salaterce mąkę orkiszową i owsianą z solą, proszkiem do pieczenia i sodą oczyszczoną,
3. W innej salaterce ubijaj masło ghee z syropem z agawy i melasą, aż nabiorą jednolitej kremowej konsystencji.
4. Dodaj miksturę z masłem ghee do mącznej i mieszaj, aż się połączą i nie będą miały grudek. Na koniec wymieszaj z wiórkami czekolady i nakładaj łyżką porcje ciasta na wyłożoną pergaminem blachę do pieczenia w odległości 5 cm od siebie.
5. Piecz przez 12 minut na środkowej półce piekarnika. Ciasteczka powinny był złocisto-brązowe na brzegach i miękkie w środku. Ostudź je na drucianej podstawce lub spożywaj ciepłe! Ciasteczka można przechowywać w chłodnym i suchym miejscu przez 1–2 dni lub w zamrażarce do miesiąca.

Ciasto jagodowe z kruszonką (4 porcje)

Podstawa z ciasta:
1 szklanka mąki orkiszowej plus trochę do rozwałkowania ciasta
1/4 łyżeczki soli morskiej
4 łyżki zimnego masła ghee
4–5 łyżek lodowatej wody

Farsz:
1 łyżeczka startej skórki z cytryny
1/4 łyżeczki soli morskiej
1/4 łyżeczki mielonego cynamonu
1/3 szklanki syropu z agawy

1/4 łyżeczki mielonego imbiru
2 szklanki czarnych jagód (mogą być mrożone)

Kruszonka:
1/4 szklanki drobno posiekanych orzechów włoskich
1/4 szklanki mąki orkiszowej
2 łyżki masła ghee
1 łyżka syropu z agawy

1. Rozgrzej piekarnik do temperatury 180°C.
2. W dużej salaterce wymieszaj mąkę orkiszową z solą morską. Potnij zimne masło ghee na kawałeczki i dodaj do mąki. Za pomocą wykrawarki do ciasta lub krojąc w przeciwnych kierunkach dwoma nożykami do masła, zagnieć ghee z mąką, tak by przypominało grubą kaszę kukurydzianą. Dodawaj po łyżce wody naraz, aż powstanie spoiste, lecz nie lepkie ciasto. Zbierz je rękami i zagniataj, aż stanie się gładkie i elastyczne, wciąż jednak powinny być w nim widoczne małe drobiny ghee. Przykryj ciasto i wstaw na godzinę do lodówki.
3. Rozwałkuj na blacie posypanym mąką na koło o średnicy około 30 cm i grubość 0,3 cm. Ułóż ciasto w formie o średnicy 23 cm i delikatnie wepchnij w nią, a następnie zagnieć brzegi dwoma palcami.
4. Wymieszaj w dużej salaterce składniki na farsz, tylko na tyle, by je połączyć. Nałóż je na ciasto w formie.
5. Przygotuj kruszonkę, mieszając orzechy włoskie z mąką orkiszową w dużej salaterce. Następnie zagnieć je palcami z masłem ghee. Wymieszaj z syropem z agawy i rozprowadź kruszonkę na jagodowym nadzieniu.
6. Piecz przez 25–30 minut.
7. Podawaj na ciepło.

Szarlotka morelowo-cynamonowa (NW) (2 porcje)

1 łyżeczka masła ghee plus trochę do natłuszczenia
1 łyżeczka oliwy jasnej
*2 szklanki moreli pokrojonych w kostkę (świeżych lub mrożonych)**
1/4 szklanki suszonych żurawin
1/4 szklanki prażonych orzechów włoskich
3 duże jaja
1 łyżka mleczka sojowego
1/2 łyżeczki cynamonu
8 kromek chleba z mąki orkiszowej lub sojowej

1. Rozgrzej piekarnik do temperatury 180°C. Natłuść 2 żaroodporne naczynia (o pojemności 360 ml) masłem ghee i odstaw na bok.
2. Podgrzej dużą patelnię na średnim ogniu i roztop łyżeczkę ghee na oliwie. Dodaj morele, żurawiny i orzechy włoskie. Smaż przez 5 minut.
3. W tym czasie ubij jaja z mleczkiem sojowym i cynamonem w dużej misce o szerokim, płaskim dnie.
4. Przygotuj kromki chleba, przycinając brzegi, aby pasowały do przygotowanych naczyń żaroodpornych, wykładając ich brzegi do odpowiedniej wysokości – nie za nisko ani za wysoko. Następnie zamocz kromki w miksturze jajecznej, jak podczas przygotowywania francuskiego tosta. Wyłóż nimi dno i boki obu naczyń do pieczenia. Zostaw dwie kromki na wierzch.
5. Nałóż masę morelową do naczyń i przykryj tostem.
6. Piecz przez 35 minut lub do czasu, aż się przyrumienią.

* Jeśli nie ma akurat sezonu na morele i trudno je dostać, w tym przepisie można je zastąpić brzoskwiniami.

Ciasto marchewkowo-ananasowe z lukrem czekoladowym z przyprawami do masala czaj (NW)

(8 porcji)

1 szklanka startej marchwi
3/4 szklanki ananasa pokrojonego w kostkę
3 łyżki masła ghee (roztopionego i schłodzonego) plus trochę do natłuszczenia
1 szklanka mąki z brązowego ryżu
1 szklanka mąki z prosa
1/4 szklanki mąki ararutowej
3 łyżeczki proszku do pieczenia
1 łyżeczka soli morskiej
1/2 łyżeczki cynamonu
2 duże żółtka
1 szklanka drobno posiekanych orzechów włoskich
1/2 szklanki syropu z agawy
4 duże białka

Lukier:
1/2 szklanki mleczka migdałowego
4 łyżki syropu z agawy
1 łyżeczka mielonego cynamonu
1/2 łyżeczki mielonego imbiru
1/8 łyżeczki mielonego ziela angielskiego
100 g ciemnej czekolady 100%, startej
2 łyżki masła ghee
2 łyżki kakao proszku
1/4 szklanki posiekanych orzechów włoskich do przybrania

1. Rozgrzej piekarnik do temperatury 180°C. Natłuść masłem ghee okrągłą formę do pieczenia o średnicy 23 cm.

2. Połóż startą marchew i pokrojonego ananasa na ręczniku papierowym, aby wchłonął nadmiar płynu.

3. Wymieszaj suche składniki w dużej salaterce: mąkę z brązowego ryżu z mąką z prosa i ararutową, proszkiem do pieczenia, solą oraz cynamonem.

4. W innej salaterce ubij żółtka z ananasem, marchwią, orzechami włoskimi, masłem ghee i syropem z agawy. Dodaj je do suchych składników i wymieszaj, by wszystkie się połączyły.

5. W suchym szklanym naczyniu ubij białka na sztywną pianę. Połącz ją z ciastem, dodając po 1/3 piany naraz. Wlej ciasto do natłuszczonej okrągłej formy.

6. Piecz przez 35–40 minut.

7. W tym czasie przygotuj lukier z przyprawami do masala czaj (indyjskiej herbaty), podgrzewając w małym rondlu przez 2–3 minuty mleczko migdałowe i syrop z agawy z przyprawami: cynamonem, imbirem oraz zielem angielskim. Umieść startą czekoladę w salaterce wraz z ghee. Zalej gorącym mleczkiem i wymieszaj na jednolitą papkę. Ostudź zupełnie. Dodaj kakao w proszku i mieszaj, aż lukier zgęstnieje.

8. Rozprowadź go na ostudzonym cieście i przybierz orzechami włoskimi. Podawaj najlepiej tego samego dnia lub przechowaj w chłodnym i suchym miejscu przez noc lub w zamrażarce do miesiąca.

Ciasto z herbatą *matcha* i lukrem czekoladowym

(8 porcji)

1 łyżka herbaty matcha (japońska zielona herbata w proszku)
1 i 1/2 szklanki mąki z brązowego ryżu
1 szklanka mąki z prosa
3 łyżeczki proszku do pieczenia
1/2 łyżeczki drobnej soli morskiej
1/4 łyżeczki mielonych goździków
1 łyżeczka startej skórki z cytryny
1/2 szklanki syropu z agawy
4 łyżeczki masła ghee roztopionego i ostudzonego plus 1 łyżka do natłuszczenia
2 duże całe jaja i 1 żółtko
1/3 szklanki mleczka migdałowego
3 duże białka

Lukier:

90 g startej ciemnej czekolady 100%
1/2 szklanki mleczka migdałowego
4 łyżki syropu z agawy
2 łyżki masła ghee
2 łyżki kakao w proszku
2/3 szklanki posiekanych prażonych orzechów makadamia
1/4 szklanki wiórków czekoladowych nie wywołujących alergii

1. Rozgrzej piekarnik do temperatury 180°C i natłuść masłem ghee dwie okrągłe formy do ciasta o średnicy około 23 cm.
2. Wymieszaj suche składniki w dużej salaterce: sproszkowaną herbatę *matcha*, mąkę ryżową, mąkę z prosa, proszek do pieczenia, sól i goździki. Odstaw na bok.
3. W innej salaterce połącz ze sobą startą skórkę z cytryny, syrop z agawy, masło ghee, jaja, żółtko i mleczko migdałowe.
4. Wlej białka do szklanego, miedzianego lub innego metalowego naczynia i ubij na sztywną pianę, a potem odstaw na bok.
5. Dodaj płynne składniki do suchych i starannie wymieszaj, aby nie było grudek. Połącz ciasto delikatnie z pianą z białek, dodając po 1/3 piany naraz.
6. Rozlej ciasto równo do dwóch przygotowanych form i piecz na środkowej półce piekarnika przez 25 minut, aż ciasto stężeje, a włożony w nie tester będzie czysty po wysunięciu. Po wyjęciu zostaw w formach na 10 minut, aby nieco wystygło, a potem wyjmij ciasto na drucianą podstawkę, żeby ostygło zupełnie.
7. W tym czasie przygotuj czekoladowy lukier, podgrzewając mleczko migdałowe z syropem z agawy w małym rondlu przez 2–3 minuty. Potem włóż startą czekoladę do salaterki wraz z masłem ghee. Zalej gorącym mleczkiem i mieszaj, aż wszystko się rozpuści. Ostudź zupełnie. Dodaj kakao w proszku i mieszaj, aż zgęstnieje.
8. Rozprowadź nieco mniej niż połowę lukru na jednej warstwie ciasta, przykryj drugą, a resztę lukru rozsmaruj szpatułką na wierzchu drugiego krążka ciasta. Przybierz prażonymi orzechami makadamia oraz wiórkami czekolady i podawaj.

Naleśniki francuskie z mąki gryczanej z malinowym chutneyem i syropem czekoladowym (4 porcje)

Naleśniki:
3/4 szklanki mąki gryczanej
1/4 szklanki mąki orkiszowej
1 łyżka plus 1 łyżeczka masła ghee roztopionego
1/2 łyżeczki soli morskiej
2 duże jaja
1 i 1/2 szklanki mleczka migdałowego lub sojowego

Chutney malinowy:
1 gruszka odmiany Bosc pokrojona w kostkę
1 łyżeczka masła ghee
1 łyżeczka startej skórki z cytryny
1/2 łyżeczki startego świeżego imbiru
1/4 szklanki dżemu morelowego bez cukru
1 szklanka świeżych malin (można je zastąpić żurawinami)
*1/4 szklanki syropu czekoladowego**

1. Zacznij od przygotowania ciasta naleśnikowego; wymieszaj wszystkie składniki na ciasto w dużej salaterce: mąkę gryczaną i orkiszową, 1 łyżeczkę masła ghee, sól, jaja i mleczko. Przykryj i wstaw do lodówki na godzinę.

2. W tym czasie przyrządź chutney, smażąc gruszkę na maśle ghee na średniej patelni przez 3–4 minuty lub do czasu, aż zmięknie i lekko się przyrumieni. Włóż na gorącą patelnię startą skórkę z cytryny, imbir oraz dżem morelowy i podgrzewaj jeszcze przez 30 sekund. Zdejmij z ognia i wymieszaj ze świeżymi malinami.

3. Rozgrzej dużą niską patelnię na średnim lub nieco większym ogniu i posmaruj ją resztą roztopionego ghee, jeśli nie jest wyprodukowana z materiału zapobiegającego przywieraniu. Kiedy będzie gorąca, nałóż na nią 1/4 szklanki ciasta naleśnikowego i przechylając szybko patelnię, rozprowadź je na bardzo cienką warstwę. Smaż przez około minutę lub do czasu, aż brzegi naleśnika zaczną odchodzić od dna, a pośrodku pojawią się małe bąbelki. Dużą szpatułką lub

---

* Zob. przepis na syrop czekoladowy, str. 167.

chwytając za brzegi rękami, przełóż naleśnika na drugą stronę i smaż przez kolejną minutę.

4. Smaż naleśniki, aż zużyjesz całe ciasto. Układaj je na talerzu i trzymaj w cieple do czasu podania.

5. Podawaj na ciepło z chutneyem, skropione syropem czekoladowym.

Charakterystyczny składnik: gryka

To bezglutenowe ziarna w kształcie piramidek o lekko słodkawym, orzechowym smaku i sporej zawartości białka. Wspaniały zamiennik pszenicy, który świetnie łączy się ze świeżymi owocami i czekoladą! Grykę można też jadać w postaci całych ziaren (kaszy) jako dodatek do wszelkich dań, podobnie jak ryż lub komosę. Gotuje się szybko i stanowi pożywne urozmaicenie wieczornych posiłków spożywanych w dniach pracy.

Odwracane ciasto migdałowe z polewą morelową (NW) (8 porcji)

Ciasto:

1 szklanka mąki z brązowego ryżu
1/2 szklanki mąki z prosa
1/2 szklanki drobno mielonej mąki z migdałów
2 łyżeczki proszku do pieczenia
1/2 łyżeczki drobnej soli morskiej
1/2 łyżeczki startej skórki z cytryny
4 duże białka
2 duże żółtka
1/2 szklanki syropu z agawy
2 łyżki miodu
6 łyżek masła ghee zmiękczonego
5 łyżek mleczka migdałowego
1 szklanka całych migdałów

Polewa:
1/4 szklanki dżemu morelowego bez cukru
2 łyżki miodu

1. Rozgrzej piekarnik do temperatury 180°C. Natłuść okrągłą formę do pieczenia o średnicy około 23 cm i wyłóż ją papierem pergaminowym.
2. Wymieszaj w duże misce mąkę z brązowego ryżu, prosa oraz migdałów z proszkiem do pieczenia i solą. Odstaw na bok.
3. W suchej salaterce ubij 4 białka na sztywną pianę za pomocą ręcznego miksera i odstaw na bok.
4. Wymieszaj żółtka, syrop z agawy, miód, masło ghee i mleczko migdałowe w małej salaterce i dodaj do suchych składników. Wymieszaj, by składniki się połączyły. Połącz ciasto z pianą z białek, dodając po 1/3 porcji piany naraz.
5. Rozrzuć migdały równo na dnie formy. W małym rondlu podgrzewaj miód z dżemem morelowym przez 30 sekund, tworząc polewę. Zalej nią migdały w formie. Wlej ciasto na migdały i polewę i piecz przez 40 minut lub do czasu, aż tester wsunięty do ciasta będzie czysty po wyjęciu.

Kremowa ricotta z jagodami (NW) (4 porcje)

500 g półtłustego organicznego sera ricotta
1/4 łyżeczki cynamonu
1 łyżeczka startej skórki z cytryny
2 łyżeczki syropu z agawy
1/4 łyżeczki soli morskiej
3/4 szklanki truskawek
3/4 szklanki czarnych jagód

1. Wymieszaj ser ricotta z cynamonem, skórką z cytryny, syropem z agawy i solą w średniej salaterce.
2. Pokrój truskawki w plasterki i maczaj razem z jagodami w mieszaninie serowej lub z nią wymieszaj.

Imbirowy pudding ryżowy (NW) (6 porcji)

1 szklanka ryżu brązowego basmati
1/2 łyżeczki soli morskiej
3 i 1/2 szklanki mleczka migdałowego
1 łyżka startego świeżego imbiru
1/8 łyżeczki kardamonu (jeśli chcesz)
1/4 łyżeczki cynamonu
2 duże żółtka
2 łyżki mąki owsianej
1 łyżka melasy trzcinowej
1 łyżka syropu klonowego
1/2 szklanki suszonych moreli, pokrojonych (bez dodatku cukru)

1. W średnim rondlu doprowadź do wrzenia 2 szklanki mleczka migdałowego z ryżem basmati i 1/2 łyżeczki soli, zmniejsz ogień, przykryj i gotuj około 50 minut.

2. Podgrzej w małym rondlu 1 i 1/2 szklanki mleczka migdałowego z imbirem, kardamonem i cynamonem, aż będą ciepłe. W niewielkiej salaterce ubij żółtka z mąką, melasą oraz syropem klonowym. Zahartuj tę mieszaninę, dodając do niej bardzo powoli chochlę ciepłego mleczka, stale ubijając. Kiedy się podgrzeje, dodaj ją do reszty ciepłego mleczka migdałowego i ubijaj na średnim ogniu, aż zgęstnieje. Powinna nabrać konsystencji jogurtu. Zdejmij z ognia i odstaw na bok.

3. Kiedy ryż się ugotuje, dodaj do niego morele i mieszankę mleczną. Gotuj na małym ogniu przez 3–5 minut, stale mieszając.

4. Pudding ryżowy stanie się gęsty i kremowy. Podawaj na ciepło.

Buliony i sosy przyprawowe

Dressing ziołowy (NW)

1/4 szklanki drobno posiekanej świeżej bazylii
2 łyżki drobno posiekanej świeżej natki pietruszki
2 łyżki drobno posiekanego świeżego szczypiorku
2 małe ząbki czosnku przepuszczone przez praskę
1/2 szklanki oliwy extra virgin
2/3 szklanki świeżo wyciśniętego soku z cytryny
sól morska do smaku

1. Wymieszaj wszystkie składniki w małej salaterce lub umieść je w słoiku ze szczelną pokrywką i potrząsaj nim energicznie, by się połączyły. Przypraw solą morską do smaku.

2. Przechowuj dressing do sałatek w dozowniku lub innym szklanym pojemniku w lodówce do tygodnia. W zależności od tego, ile dressingu potrzebujesz, zwiększ ilość składników, aby wystarczyło go na cały tydzień.

Dressing cytrusowy (NW)

1/2 szklanki oliwy extra virgin
sok z 2 cytryn
sok z 1 limety
2 łyżki drobno posiekanej świeżej kolendry
2 łyżeczki syropu z agawy
sól morska do smaku

1. Ubij wszystkie składniki w małej salaterce lub włóż do szczelnie zamykanego słoika i potrząsaj nim energicznie. Przypraw solą do smaku.
2. Przechowuj dressing do sałatek w słoiku lub szklanym dozowniku w lodówce do tygodnia. W zależności od tego, ile dressingu potrzebujesz, zwiększ ilość składników, aby wystarczyło go na cały tydzień.

Dressing marchewkowo-imbirowy (NW)

2 średnie marchewki posiekane
1 łyżka oliwy
2,5-centymetrowy kawałek świeżego imbiru obrany ze skóry
1 łyżka świeżego soku z cytryny
sól morska do smaku

1. Miksuj za pomocą robota kuchennego marchew z oliwą, imbirem oraz sokiem z cytryny na jednolitą papkę. Jeśli sos jest zbyt gęsty, dodaj trochę wody, po łyżce naraz.
2. Przypraw solą morską do smaku i przechowuj w szklanym pojemniku lub dozowniku w lodówce do tygodnia.

Syrop czekoladowy

1 szklanka syropu z agawy
2 łyżki kakao w proszku

1. Ubij energicznie syrop z agawy z kakao w proszku w salaterce, by połączyć je ze sobą. Przelej do czystego szklanego dozownika lub innego szklanego pojemnika i używaj do skrapiania naleśników, owoców lub jako specjalny dodatek do koktajlów owocowych.
2. Przechowuj w chłodnym i suchym miejscu do dwóch tygodni.

Syrop cynamonowy (NW)

2 łyżeczki masła
1 szklanka syropu z agawy
2 łyżeczki cynamonu

1. Roztop masło w rondlu na średnim ogniu. Dodaj syrop z agawy i cynamon, ubijając, aż dokładnie się połączą. Zdejmij z ognia i ostudź zupełnie.
2. Przechowuj w czystym szklanym dozowniku lub innym szklanym pojemniku w lodówce do dwóch tygodni.

Cierpko-ostra marynata do tofu

1 łyżeczka przyprawy z papryki
1 łyżeczka sproszkowanej gorczycy
1/4 łyżeczki mielonego kminu
1/4 łyżeczki gruboziarnistej soli morskiej
1/2 szklanki oliwy
sok z 1 cytryny
1 łyżka syropu z agawy

1. Wymieszaj wszystkie składniki w małej miseczce i polej nimi tofu, warzywa lub drób, aby je szybko zamarynować.

Rosół z kurczaka lub indyka (NW)

1,8 kg kurczaka lub udek i piersi z indyka
3 duże marchewki obrane i pokrojone w kostkę
1 seler korzeniowy obrany i pokrojony w kostkę
2 obrane ząbki czosnku
1 posiekana cebula vidalia
3,8 l wody
2 łyżeczki soli morskiej
3 gałązki świeżego tymianku
3 gałązki świeżego rozmarynu
5 gałązek natki pietruszki
2 liście laurowe

1. Zagotuj wszystkie składniki w dużym garnku na zupę. Gdy rosół zacznie wrzeć, zbierz szumowiny dużą łyżką i usuń. Zmniejsz ogień, by wywar lekko się gotował.
2. Po 3 godzinach wyjmij składniki z rosołu i przecedź go do czystej salaterki lub garnka. Ostudź (nie dłużej niż przez 4 godziny), a potem przelej do szklanych pojemników i wstaw do lodówki.
3. Przechowuj w lodówce do trzech dni, a w zamrażarce do dwóch miesięcy.
4. Jeśli chcesz zużyć mięso z kurczaka lub indyka do sałatki, zapiekanki lub zupy, usuń z niego kości po godzinie gotowania, ostudź i włóż mięso do lodówki, by wykorzystać później. Gotuj rosół dalej na kościach – będzie wtedy łagodniejszy, ale mięso da się zużyć do innych dań (na przykład do kanapek, sałatek, różnego rodzaju zapiekanek itp.).

Bulion warzywny (NW)

2 łyżeczki oliwy
2 posiekane cebule
1 seler korzeniowy obrany i posiekany
1 szklanka posiekanego pasternaku
1 szklanka posiekanej marchwi

3 przepołowione pomidory
2 posiekane bulwy fenkułu
3 liście laurowe
1 obrany ząbek czosnku
5 gałązek natki pietruszki
5 gałązek tymianku
2 łyżeczki soli morskiej
3,8 l wody

1. Podgrzej duży garnek do zupy na średnim ogniu. Dodaj oliwę i smaż cebulę, seler, pasternak, marchew i fenkuł przez 8–10 minut, aż lekko zmiękną. Wlej wodę oraz dodaj resztę składników i doprowadź do wrzenia.
2. Przykryj i zmniejsz ogień. Duś przez 30 minut. Bulion warzywny gotuje się krótko, ponieważ jarzyny w przeciwieństwie do mięsa i kości szybko uwalniają swój smak i zapach.
3. Przecedź wywar do czystego garnka i przechowuj w lodówce do 5 dni lub w zamrażarce do 3 miesięcy.

Podstawowa bezglutenowa bułka tarta (NW)

4 kromki pieczywa orkiszowego lub z mąki owsianej

1. Opiecz kromki chleba i ostudź. Zmiksuj ostudzone tosty za pomocą robota kuchennego, tak by powstały grube okruchy.
2. Chcąc przyrządzić aromatyzowaną bułkę tartą, dodaj suszone zioła i przyprawy, takie jak natka pietruszki, rozmaryn, tymianek, szałwia i/lub bazylia.

Co się przyda

Zamienniki

Nieodzowne w przechodzeniu na nową dietę jest zrozumienie, jak i czym wypełnić lukę wynikłą z konieczności **unikania** pewnych produktów spożywczych. Poniżej podajemy listę substytutów, która powinna w tym dopomóc. Wiele z tych zamienników niedokładnie odpowiada zastępowanym składnikom, niemniej, jak można się przekonać z przepisów zamieszczonych w tej książce, odpowiednio przygotowane spełniają swoją zastępczą funkcję.

Pieczywo – Zaletę wynikającą z posiadania grupy krwi A stanowi to, że dużo rodzajów pieczywa jest dla niej dozwolonych. Trzeba tylko koniecznie czytać informacje podawane na etykietach chleba kupowanego w sklepie. Wiele rodzajów pieczywa określanego jako „pełnoziarniste owsiane" zawiera białą mąkę lub inne składniki z listy tych, których należy **unikać**. W zdrowej diecie zawsze zalecam urozmaicanie menu, a zatem nawet gdy znajdziesz dobry chleb owsiany, wypróbuj też dla odmiany orkiszowy, żytni lub ze skiełkowanej pszenicy, aby dostarczać sobie różnych składników odżywczych.

Makaron – Najlepszy makaron, jaki można dostać, wyrabiany na bazie mąki gryczanej, to *soba*. Jednakże, podobnie jak w przypadku pieczywa, wiele tego typu makaronów zawiera białą mąkę, a zatem koniecznie trzeba czytać informacje podane na opakowaniach. Makaron z razowej mąki pszennej to kolejna opcja, ale gryczany jest bardziej korzystny i ma wspaniały orzechowy smak, który świetnie pasuje do tofu marynowanego w sosie sojowym i pieczonych warzyw.

Masło – To jeden z produktów, z których trudno zrezygnować. Mamy jednak wspaniały zamiennik – ghee, czyli masło klarowane. Kiedy podgrzewamy masło, ulega ono rozwarstwieniu: laktoza wypływa na wierzch, a tłuszcz osiada na dnie. Po usunięciu laktozy pozostaje ghee. Używaj go tak jak masła, rozsmarowując na grzankach lub dodając do ryżu bądź jarzyn. Ghee nigdy nie jest solone, a więc kiedy smarujesz nim tosta, możesz dodać szczyptę soli morskiej.

Cukier – Istnieją pewne zamienniki dla tradycyjnego cukru, jednak większość z nich ma konsystencję ciekłą, więc dodawanie ich w takich ilościach, w jakich używało się cukru, to nie najlepszy pomysł. Dla ludzi z grupą krwi A do najlepszych substytutów cukru należą: melasa, syrop z agawy, syrop klonowy, cukier klonowy oraz miód. W większości przepisów korzystamy z melasy i syropu z agawy, gdyż są to **korzystne** słodziki w przypadku wielu diet zgodnych z posiadaną grupą krwi. Można też poeksperymentować z zastępowaniem melasy lub syropu z agawy kombinacją innych słodzików.

Mąka – Najlepsze rodzaje mąki do wypieków to mieszanki zapewniające odpowiednią konsystencję i smak. W zamieszczonych przepisach zalecamy wykorzystywać mąki najbardziej **korzystne**. Chociaż osoby z grupą krwi A mogą jeść razową mąkę pszenną, to jednak próbuj używać w przepisach różnych mieszanek: mąkę orkiszową z owsianą lub z dodatkiem gryczanej, ponieważ owies i gryka to zboża **korzystne** dla grupy A. Pełnoziarnista mąka pszenna ma bardzo ziemisty smak i mocną konsystencję, podczas gdy orkiszowa i owsiana są łagodniejsze, co bardziej przypada do gustu wielu ludziom.

Świetna mieszanka gatunków mąki do codziennego użytku dla osób z grupą krwi A:

- ✔ 2 części mąki orkiszowej (2/3 filiżanki na porcję)
- ✔ 1 część mąki owsianej (1/3 filiżanki na porcję)
- ✔ Plus 2 łyżeczki proszku do pieczenia i pół łyżeczki soli morskiej na każdą porcję ciasta.

Planowanie menu

Poniżej są sugestie, jak wykorzystywać przepisy z tej książki do opracowywania cotygodniowego menu dla siebie i wszystkich domowników. Ma to ułatwiać przestrzeganie zrównoważonej diety, ale możesz bez obaw mieszać i dopasowywać jej elementy wedle własnych upodobań. Jeśli wolisz ściśle się trzymać przedstawionej propozycji menu, dokładnie zapoznaj się z nią zawczasu, aby zobaczyć, czy nie trzeba czegoś dokupić, aby przyrządzić porcję, z której zostaną resztki na następny dzień, oraz kiedy warto przygotować coś wcześniej. Celem planowania potraw na cały tydzień jest maksymalne ułatwienie sobie życia poprzez wykorzystanie dostępnych produktów i obmyślenie bardziej wyszukanych dań na weekendy.

Zadbaj też o to, by wypijać codziennie co najmniej po sześć ćwierćlitrowych szklanek wody, żeby odpowiednio nawodnić organizm.

Porady dotyczące planowania jadłospisu:

- Jeśli pracujesz na pełnym etacie albo przygotowywanie posiłków w trakcie tygodnia sprawia ci problemy, spożytkuj czas w weekendy do sporządzenia przekąsek i prostych przystawek na dni robocze, z wykorzystaniem umytych wcześniej warzyw i sałaty. To znacznie ułatwi kulinarne zajęcia w tygodniu. Do produktów, które nie tracą szybko świeżości i które zawsze mam po ręką, należą: chrupki z siemienia lnianego (zob. str. 130) granola (zob. str. 36), zlepki orzechowe (zob. str. 149) i od czasu do czasu batony proteinowe (Unibar® Protein Bar).
- Jeśli nie przepadasz za resztkami jedzenia z poprzedniego dnia, to postaraj się jednak je polubić. Faktycznie takie pozostałości oszczędzają mnóstwo czasu spędzanego w kuchni. Dodawaj je do świeżych sałatek lub dorzucaj do zup.
- Piekąc chleb lub muffiny lub przyrządzając słodkie przekąski, zamrażaj je w szklanych szczelnie zamykanych pojemnikach, aby zachowały świeżość. Rano w dniu, kiedy masz zjeść na przykład muffiny dyniowe, włóż je w postaci zamrożonej do piekarnika lub tostera i podgrzewaj przez 10–15 minut w temperaturze około 90°C, a zrobią się ciepłe i będą gotowe do spożycia!

- Przygotowując coś takiego jak bruschetta, podwajaj podaną ilość składników przeznaczonych na dodatki, a to, co pozostanie, przechowuj w szczelnie zamykanym szklanym pojemniku w lodówce do tygodnia. W ten sposób coś przyszykowane raz starczy na wiele razy.

Czterotygodniowy plan posiłków

Tydzień 1

NIEDZIELA
Śniadanie: Gofry z dzikim ryżem (NW) z jeżynami i orzechami włoskimi
Lunch: Ratatouille (NW)
Przekąska: Sałatka jajeczna (NW) z kawałkami selera naciowego
Obiad: Zielone chili z indyka (NW)

PONIEDZIAŁEK
Śniadanie: Wiśniowa granola z melasą trzcinową (NW), płatki ryżowe z mleczkiem migdałowym, zielona herbata i świeże jagody
Lunch: Reszki zielonego chili z indyka (NW) z poprzedniego dnia i mieszanka liści zielonej sałaty różnych gatunków z dressingiem z oliwy i soku z cytryny
Przekąska: Czipsy z gruszek i jabłek (NW) oraz mieszanka orzechowa z rozmarynem (NW)
Obiad: Łosoś z imbirem i cytryną (NW) oraz sałatka z brązowego ryżu (NW)

WTOREK
Śniadanie: Jajecznica z muffinami z jagodami i orzechami makadamia (NW), zielona herbata
Lunch: Surówka z jarmużu z cytrusowym dressingiem z limety (NW) i resztka potrawy z łososia z poprzedniego dnia
Przekąska: Chrupki z siemienia lnianego (NW) i salsa z dyni (NW)
Obiad: Polędwica z indyka w kruchej panierce z sosem morelowym (NW) i ragoût z dyni (NW)

ŚRODA

Śniadanie: Domowe kiełbaski śniadaniowe z indyka (NW) z zieloną herbatą i ananasem pokrojonym w plasterki

Lunch: Surówka z jarmużu z cytrusowym dressingiem z limety (NW) i resztki polędwicy z indyka w kruchej panierce z sosem morelowym (NW) z poprzedniego dnia

Przekąska: Czipsy z gruszek i jabłek (NW) oraz mieszanka orzechowa z rozmarynem (NW)

Obiad: Grillowana cykoria z pesto ze szpinaku i orzechów włoskich (NW)

CZWARTEK

Śniadanie: Muffiny z jagodami i orzechami makadamia (NW), resztki domowych kiełbasek śniadaniowych z indyka (NW) z poprzedniego dnia, zielona herbata

Lunch: Sałatka z zieleniny i fasoli (NW)

Przekąska: Napój z mieszanki proteinowej w proszku dla grupy A (Protein Blend™ Powder – Type A)

Obiad: Szaszłyki z ananasa i tempeh (NW) z pieczonymi jesiennymi warzywami korzeniowymi (NW)

PIĄTEK

Śniadanie: Müsli z komosy ryżowej, jagody i zielona herbata

Lunch: Resztki sałatki z zieleniny i fasoli (NW) z serem feta

Przekąska: Figi faszerowane masłem z orzechów włoskich z karobem (NW)

Obiad: Makaron z serem i pieczonymi warzywami (NW) oraz szpinak z czosnkiem i karczochami (NW)

SOBOTA

Śniadanie: Frittata z brokułami i fetą (NW), zielona herbata i ananas

Lunch: Pół porcji opiekanego sera z bekonem i zupa z pieczonego pasternaku (NW)

Przekąska: Wafle ryżowe z masłem z orzechów ziemnych z kawałkami czekolady (NW)

Obiad: Paella rybna

Tydzień 2

NIEDZIELA
Śniadanie: Rożki z wiśniami (NW) z masłem migdałowym i zieloną herbatą
Lunch: Duszony bób (NW)
Przekąska: Opiekany ananas z syropem cynamonowym (NW)
Obiad: Marokański tadżin z tofu (NW)

PONIEDZIAŁEK
Śniadanie: Śniadaniowa sałatka jajeczna (NW)
Lunch: Tabbouleh z dynią i miętą (NW) z resztkami tofu z poprzedniego dnia
Przekąska: Domowy mus jabłkowy (NW)
Obiad: Zapiekanka z siekanego mięsa z indyka (NW)

WTOREK
Śniadanie: Müsli z komosy ryżowej ze świeżymi jagodami
Lunch: Resztki zapiekanki z siekanego mięsa z indyka (NW) z poprzedniego dnia z mieszanką zielonej sałaty różnych gatunków w dressingu z oliwy i soku z cytryny
Przekąska: Opiekany ananas z syropem cynamonowym (NW)
Obiad: Zupa z tofu i szatkowanej eskarioli (NW) i zapiekanka z czerwonej komosy i grzybów (NW)

ŚRODA
Śniadanie: Tosty z bekonem z indyka i szpinakiem (NW), zielona herbata
Lunch: Resztki zapiekanki z czerwonej komosy i grzybów (NW) z poprzedniego dnia
Przekąska: Tosty z serem (NW)
Obiad: Lucjan pieczony w pergaminie (NW)

CZWARTEK
Śniadanie: Frittata z brokułami i fetą (NW), zielona herbata
Lunch: Kanapka z hummusem z fasoli adzuki i fetą (NW)
Przekąska: Domowy mus jabłkowy (NW)
Obiad: Pasztet z ryżu i fasoli (NW) oraz kapusta z bekonem i fasolą (NW)

PIĄTEK

Śniadanie: Plasterki owoców z pastą z granoli i orzechów, zielona herbata

Lunch: Kanapki z pasztetem z ryżu i fasoli (NW) z plasterkami sera mozzarella

Przekąska: Napój z mieszanki proteinowej w proszku dla grupy krwi A (Protein Blend™ Powder – Type A)

Obiad: Potrawka rybna (NW)

SOBOTA

Śniadanie: Naleśniki z jajecznicą i zieloną herbatą

Lunch: Sałatka z łososia na liściach cykorii (NW)

Przekąska: Chrupiące placki warzywne (NW)

Obiad: Gnocchi z dyni z sosem bazyliowo-żurawinowym (NW) z grillowanym kurczakiem

Tydzień 3

NIEDZIELA

Śniadanie: Chleb gruszkowo-rozmarynowy (NW) z jajami w koszulkach i zieloną herbatą

Lunch: Kanapka z filetem z ryby (NW)

Przekąska: Surowe warzywa z kremowym dipem z sera koziego (NW)

Obiad: Nóżki z indyka w sosie *mole* (NW) z sufletem z dyni (NW) i kruchą sałatką z kalarepy (NW)

PONIEDZIAŁEK

Śniadanie: Kremowy koktajl z masłem orzechowym i zielona herbata

Lunch: Resztki nóżek z indyka w sosie *mole* (NW) z kruchą sałatką z kalarepy (NW) z poprzedniego dnia

Przekąska: Baton proteinowy (Unibar® Protein Bar)

Obiad: Placki z łososia i czarnej fasoli z kremowym sosem kolendrowym (NW) i pieczone kasztany z ryżem (NW)

WTOREK

Śniadanie: Chleb gruszkowo-rozmarynowy (N) z jajecznicą, zielona herbata

Lunch: Resztki placków z łososia i czarnej fasoli z kremowym sosem kolendrowym (NW) z poprzedniego dnia z sałatą rzymską z dressingiem z oliwy i soku z cytryny

Przekąska: Marynowana mozzarella (NW) i chrupki z siemienia lnianego (NW)

Obiad: Dynia piżmowa z soczewicą gotowana w wolnowarze (NW)

ŚRODA

Śniadanie: Tosty z bekonem z indyka i szpinakiem, zielona herbata

Lunch: Resztki dyni piżmowej z soczewicą gotowaną w wolnowarze (NW) z poprzedniego dnia

Przekąska: Baton proteinowy (Unibar® Protein Bar)

Obiad: Zupa z białej fasoli i brokułów (NW) i piersi z kurczaka duszone w zielonej herbacie (NW)

CZWARTEK

Śniadanie: Wiśniowa granola z melasą trzcinową (NW), płatki ryżowe z mleczkiem migdałowym, zielona herbata i świeże jagody

Lunch: Resztki pokrojonej piersi z kurczaka duszonej w zielonej herbacie (NW) z poprzedniego dnia z żurawinami i orzechami włoskimi na liściach szpinaku z oliwą i sokiem z cytryny

Przekąska: Marynowana mozzarella (NW) i chrupki z siemienia lnianego (NW)

Obiad: Panierowane w ziołach piersi z indyka faszerowane szalotkami i figami (NW) i pieczona dynia ze smażoną szałwią (NW)

PIĄTEK

Śniadanie: Domowe kiełbaski śniadaniowe z indyka (NW), zielona herbata i ananas pokrojony w plasterki

Lunch: Resztki panierowanych w ziołach piersi z indyka faszerowanych szalotkami i figami (NW) z poprzedniego dnia na surówce z jarmużu z cytrusowym dressingiem z limety (NW)

Przekąska: Baton proteinowy (Unibar® Protein Bar)

Obiad: Lazania warzywna (NW) z pieczoną eskariolą (NW)

SOBOTA
Śniadanie: Suflet ze szpinaku i cukinii (NW), zielona herbata
Lunch: Chrupiąca kalarepa w papierze ryżowym z czereśniowym dipem (NW)
Przekąska: Twaróg z burakami na liściach endywii (NW)
Obiad: Wiosenny makaron z pesto (NW) z grillowanym kurczakiem

Tydzień 4

NIEDZIELA
Śniadanie: Pudding chlebowy z ziołami i serem na słono (NW)
Lunch: Kanapka z hummusem z fasoli adzuki i fetą (NW)
Przekąska: Sałatka owocowa z dressingiem z mięty i limety (NW)
Obiad: Zapiekanka pasterska z pieczonym czosnkiem i miksowanym kalafiorem (NW) z pieczoną eskariolą (NW)

PONIEDZIAŁEK
Śniadanie: Jajecznica z kiełbaskami i syropem klonowym (NW), zielona herbata
Lunch: Resztki zapiekanki pasterskiej z pieczonym czosnkiem i miksowanym kalafiorem (NW) z poprzedniego dnia
Przekąska: Bruschetta z karczochami (NW)
Obiad: Smażony tuńczyk z chutneyem z fig i bazylii (NW) z ziołową komosą ryżową (NW)

WTOREK
Śniadanie: Muffiny z dyni skrapiane wyciągiem z karobu, masło z orzechów ziemnych i zielona herbata
Lunch: Pieczony falafel (NW)
Przekąska: Sałatka owocowa z dressingiem z mięty i limety (NW)
Obiad: Burgery z fasoli (NW) i broccolini z orzechami włoskimi owijane w chrupiący bekon (NW)

ŚRODA
Śniadanie: Plasterki owoców z pastą z granoli i orzechów (NW), tropikalny koktajl z jarmużu (NW) i zielona herbata
Lunch: Kurczak z rusztu z resztką broccolini z poprzedniego dnia, zawiniętych w liście sałaty odmiany boston lub bibb
Przekąska: Surowe warzywa z kremowym dipem z sera koziego (NW)
Obiad: Tofu z imbirem smażone po chińsku (NW) i zupa marchewkowo-imbirowa (NW)

CZWARTEK
Śniadanie: Śniadaniowa sałatka jajeczna (NW) z zieloną herbatą
Lunch: Resztki zupy marchewkowo-imbirowej (NW) z poprzedniego dnia i pół kanapki z hummusem z fasoli adzuki i fetą (NW)
Przekąska: Bruschetta z karczochami (NW)
Obiad: Makaron carbonara z kruchym jarmużem (NW) i sałatka z zieleniny i fasoli (NW)

PIĄTEK
Śniadanie: Muffiny z dyni skrapiane wyciągiem z karobu (NW), masło z orzechów ziemnych i zielona herbata
Lunch: Resztki sałatki z zieleniny i fasoli (NW) z poprzedniego dnia z orzechami włoskimi i świeżą mozzarellą
Przekąska: Surowe warzywa z kremowym dipem z sera koziego (NW) i hummus z fasoli adzuki (NW)
Obiad: Rybne *taco* z sałatką z fenkułu i fasoli

SOBOTA
Śniadanie: Cynamonowe naleśniki francuskie z mąki owsianej (NW)
Lunch: Zupa cebulowa z roztopioną mozzarellą (NW)
Przekąska: Pieczony grejpfrut z miodem i cynamonem (NW)
Obiad: Zapiekanka z kurczaka z kruchym wierzchem (NW)

Przydatne pomoce

Na naszej stronie internetowej http://www.4yourtype.com/cookbooks.asp znajdziesz przedstawione poniżej użyteczne pomoce do wykorzystania. Możesz po prostu ściągnąć je sobie w formie PDF na swój komputer i wydrukować.

Dziennik pokarmowy

W tym użytecznym dzienniku możesz notować wszystkie swoje posiłki.

Śledzenie postępów

To dodatkowy dziennik, który pomoże ci skupić się na wyznaczonych sobie celach.

Lista zakupów

Ta lista produktów **korzystnych** dla twojej grupy krwi ułatwi ci robienie zakupów.

Lista zakupów dla grupy krwi A*:

Owoce i warzywa:

Ananas
Brokuły
Cebula
Czarne jagody
Dynia (w sezonie)
Fenkuł
Figi
Grejpfrut
Jarmuż
Karczochy
Marchew
Morele
Sałata
Seler naciowy
Szpinak
Wiśnie

* Uwaga: lista zawiera tylko najczęściej używane produkty z grupy **korzystnych** i niektóre z grupy **obojętnych**, przeznaczone dla grupy krwi A. Pełna lista pokarmów **korzystnych, obojętnych** oraz takich, których należy **unikać**, znajduje się na stronie www.dadamo.com oraz w książkach doktora D'Adamo: *Jedz zgodnie ze swoją grupą krwi* oraz *Grupa krwi A – Podręczna lista pokarmów, napojów i suplementów zgodnych z metodą.*

Produkty do wypieków:

Mąka gryczana
Mąka orkiszowa
Mąka owsiana
Mąka z brązowego ryżu
Melasa
Proszek do pieczenia
Sól morska
Syrop z agawy

Nabiał:

Ghee (masło klarowane)
Jaja
Mleczko sojowe
Ricotta
Ser feta
Ser kozi
Ser mozzarella

Produkty białkowe:

Dorsz
Indyk
Kurczak
Lucjan czerwony (red snapper)
Łosoś
Pstrąg
Tempeh
Tofu

Różne:

Chleb z mąki z brązowego ryżu
Czerwone wino
Czosnek
Fasola „czarne oczko"
Fasola adzuki
Imbir
Kawa
Masło z orzechów ziemnych
Napar z imbiru
Napar z rumianku
Olej z orzechów włoskich
Oliwa
Orzechy włoskie
Orzechy ziemne (arachidowe)
Pestki dyni
Siemię lniane
Soczewica
Soja
Sos sojowy
Zielona herbata

Pora na żywność ekologiczną

Michel Nischan to zainteresowany ekologią szef kuchni, autor podręczników kulinarnych oraz koneser zdrowej, miejscowej żywności. W jednej ze swoich książek, *Sustainably Delicious: Making the World a Better Place, One Recipe at a Time*, napisał: „To, co ma smak i aromat, zawiera składniki odżywcze, a składniki odżywcze to zdrowie". Mistrzowie sztuki kucharskiej na całym świecie wiedzą dobrze, że najlepsze potrawy wychodzą z najświeższych składników, a nie ma nic bardziej świeżego od pomidora wyhodowanego we własnym ogrodzie czy też kupionego na pobliskiej farmie. Kiedy przechadzam się po lokalnym targowisku i oglądam sprzedawane tam owoce i warzywa, zerwane w chwili gdy w pełni dojrzeją, a ich smak, zapach i wygląd okazują się nieskończenie lepsze niż w przypadku podobnych artykułów z supermarketu. Jeśli przystąpisz do przygotowywania jakiegoś posiłku ze świeżych, miejscowych i naturalnych produktów, to, jak powiada Michel, niemal wszystko, co ci z tego wyjdzie, będzie smakowało wybornie i okaże się korzystne dla zdrowia.

Poniżej podajemy kilka porad, jak i gdzie nabywać produkty ekologiczne, wystrzegać się toksyn w kuchni i kupować najświeższe owoce i jarzyny.

Krótko o terminologii stosowanej w żywności ekologicznej

Kupuj jak najczęściej żywność naturalną, w tym wołowinę z wypasanych na świeżej trawie krów. Ale właściwie dlaczego? Otóż typowe owoce i warzywa w sklepach są spryskiwane szkodliwymi chemikaliami, takimi jak środki chwastobójcze i owadobójcze oraz pestycydy. Związki chemiczne zawarte w tych substancjach mogą zakłócać gospodarkę hormonalną, wywoływać raka, różne alergie, astmę oraz inne schorzenia. Mięso, drób i nabiał z konwencjonalnych hodowli pochodzi ze zwierząt bytujących w złych warunkach, świadomie wypasanych, tak aby szybko przybierały na wadze, co jest niekorzystne dla ich zdrowia. W efekcie antybiotyki, którymi często „dokarmia się" zwierzęta, trafiają do ich mięsa, sprzedawanego później w sklepach. W dodatku niektórym zwierzętom podaje się hormony, aby się rozrastały i wydawały się „atrakcyjniejsze" z perspektywy konsumenta. Dla ludzi z grupą krwi A mięso z drobiu stanowi żywność **neutralną** – ale jeśli jest ono skażone hormonami i antybiotykami, to zaburza funkcjonowanie organizmu i traci wartość odżywczą.

Oto kilka stosowanych terminów, których znajomość rozwieje pewne niejasności w tym względzie:

Produkt posiadający certyfikat organiczności – Oznacza to, że dany produkt zawiera wyłącznie składniki organiczne, plus, ewentualnie, wodę i sól; w stu procentach ekologiczny.

Organiczny – Produkt złożony w co najmniej 95% ze składników organicznych. Składniki organiczne zawarte w produkcie muszą być wyszczególnione.

Zawiera składniki organiczne – Produkt powinien być organiczny w co najmniej 70%. Na opakowaniach artykułów tego typu nie wolno uwypuklać określenia „organiczny".

Naturalny – Taki produkt nie może zawierać sztucznych dodatków ani barwników i jest przetwarzany w taki sposób, który zasadniczo nie zmienia charakteru produktu.

Bez dodatku hormonów – Ów termin może być stosowany wyłącznie w odniesieniu do wołowiny; podane zastrzeżenie nie dotyczy drobiu ani wieprzowiny, gdyż zwierzętom, z których pochodzi to mięso, nie wolno podawać hormonów.

Z wolnego wypasu – Dotyczy mięsa zwierząt karmionych wyłącznie trawą i sianem.

Z wolnego wybiegu – Dotyczy zwierząt hodowlach, którym hodowcy umożliwiają swobodny wypas. Określenie to bywa jednak zwodnicze, gdyż w wielu gospodarstwach rolnych trzyma się zwierzynę w nieodpowiednich warunkach, pozwalając jej przy tym na „wolny wybieg", aby potem drożej sprzedawać mięso czy jaja. Aby stwierdzić, czy jaja pochodzą od kur z wolnego wybiegu, zapoznawaj się uważnie z informacjami na opakowaniu.

Jak kupować produkty miejscowe i ekologiczne

Wybieraj produkty sezonowe

Często się o tym mówi i słyszy, ale jaka właściwie jest korzyść ze spożywania artykułów sezonowych? Chodzi o ich smak! Naturalnie, w grę wchodzą też kwestie związane z ochroną środowiska, niemniej jednak różnica między smakiem świeżego jabłka prosto z drzewa a jabłka zmodyfikowanego genetycznie ze sklepu spożywczego jest na tyle duża, że powinna przekonać nawet najbardziej zatwardziałego sceptyka. Jedzenie produktów sezonowych zapewnia też, że w trakcie roku spożywamy różne gatunki owoców i jarzyn, a w efekcie przyswajamy urozmaicone składniki odżywcze.

Gdzie szukać świeżych sezonowych produktów?

Rozejrzyj się za stoiskami z artykułami lokalnych rolników i hodowców na targowiskach i bazarach. Niektórzy rolnicy pozwalają na odwiedzanie swoich gospodarstw. Można poszukać odpowiednich informacji w Internecie. Niezmiennie uważam, że jadanie żywności sezonowej jest dobre dla ciała i dla podniebienia. Nie ma nic lepszego od świeżego arbuza latem i pieczonej dyni jesienią. Wypracuj nawyk konsumowania wyłącznie najlepszej uprawianej w okolicy żywności ekologicznej, na którą jest akurat sezon.

Lepsze lokalne czy organiczne?

Czasami trzeba dokonać wyboru między produktami z okolicznych upraw a ekologicznymi, co bywa niełatwe. Uprawiana w pobliskich okolicach żywność jest świetna ze względu na swoją świeżość i na to, że jej transport prawie nie szkodzi środowisku naturalnemu – nie trzeba jej wozić z Chile, żeby trafiła na twój stół. Jednakże z drugiej strony żywność organiczna jest uprawiana bez stosowania chemikaliów, które szkodzą nie tylko zdrowiu, ale i środowisku. Należy zminimalizować ilość konsumowanych pestycydów, a najlepiej, gdyby nie trzeba było dokonywać wyboru w tej mierze. Na szczęście wiele miejscowych gospodarstw ekologicznych prowadzi uprawy organiczne, co rozwiązuje problem.

Jak odżywiać się zdrowo za niewielkie pieniądze?

Wszyscy czasem musimy uważać na wydatki, w tym również te przeznaczone na jedzenie. Główną radą, jaką mam dla osób, które chcą przestrzegać zdrowej diety, wydając na nią stosunkowo niedużo, jest uszeregowanie różnych życiowych spraw pod względem ich ważności. Jeśli zamierzasz odżywiać się zgodnie ze swoją grupą krwi, zrezygnujesz z takich rzeczy jak czipsy ziemniaczane, napoje gazowane, gotowe sosy, ciastka i większość przetworzonych pokarmów. Już tylko to pozwali na zaoszczędzenie nieco pieniędzy na zdrowsze produkty. Ponadto kupowanie sezonowych owoców i warzyw jest tańsze od tych pozasezonowych. Pojemnik świeżych jagód kosztuje zimą dużo, a latem na targu znacznie mniej. Gromadząc zapasy zbóż czy orzechów, wykaż zapobiegliwość i nabywaj większe ich ilości taniej. Orzechy można przechowywać w zamrażarce nawet przez kilka miesięcy. Zawierają one tłuszcze, a więc gdy zostawimy je w spiżarce, szybko się zepsują. Kupowanie większych ilości za jednym razem oznacza też mniej wydatków na opakowania, które tak naprawdę nigdy nie są darmowe.

Roztropne i przemyślane zakupy ekologicznych artykułów spożywczych również przyniosą oszczędności. Znamy dwanaście gatunków owoców i warzyw, które wchłaniają najwięcej pestycydów; a zatem te należy nabywać z upraw organicznych (patrz lista poniżej – „parszywa dwunastka"). Jeżeli musisz liczyć się z wydatkami, nie rezygnuj z nich w zupełności, po prostu kupuj ich mniej. Wybieraj jeden lub dwa produkty, które muszą być organiczne, i uzupełniaj je takimi, które są najmniej skażone środkami owadobójczymi – nazywam je „czystą piętnastką"!

„Parszywa dwunastka" i „czysta piętnastka"*

Poniżej znajduje się lista zwana „parszywą dwunastką"; staraj się możliwie najczęściej kupować wymienione na niej produkty w formie ekologicznej, żeby mniej się narażać na działanie pestycydów.

1. Jabłka
2. Seler naciowy
3. Truskawki

* Listy zwane „parszywą dwunastką" i „czystą piętnastką" zaczerpnięto ze strony Roboczej Grupy Środowiskowej (Environmental Working Group) www.ewg.org.

4. Brzoskwinie
5. Szpinak
6. Nektarynki (importowane)
7. Winogrona (importowane)
8. Słodka papryka (**unikać** przy grupie krwi A)
9. Ziemniaki (**unikać** przy grupie krwi A)
10. Czarne jagody lub jagody amerykańskie (krajowe)
11. Sałata
12. Jarmuż i *collard greens*

A teraz „czysta piętnastka", czyli lista produktów, w których występuje najmniej pestycydów i dlatego można je bezpieczniej kupować w zwyczajnej postaci. Jeśli jednak to możliwe, zawsze lepiej wybierać produkty ekologiczne ze względu na dobro własne jak i środowiska.

1. Cebula
2. Słodka kukurydza
3. Ananasy
4. Awokado
5. Szparagi
6. Groszek cukrowy
7. Mango (**unikać** przy grupie krwi A)
8. Bakłażan (**unikać** przy grupie krwi A)
9. Melon kantalupa (**unikać** przy grupie krwi A)
10. Kiwi
11. Kapusta (**unikać** przy grupie krwi A)
12. Arbuz
13. Słodkie ziemniaki
14. Grejpfrut
15. Grzyby

Bezpieczne przechowywanie produktów

Najpierw trzeba zadać sobie pytanie, co to znaczy, w danym kontekście, „bezpieczne". Na ogół zdajemy sobie sprawę, że większość plastikowych opakowań i pojemników zawiera BPA (bisfenol A).

Związek ten zakłóca gospodarkę hormonalną w organizmie człowieka. Nowe badania wykazały, że BPA niekorzystnie wpływa na poziom hormonów, sprzyja otyłości, zakłóca funkcjonowanie tarczycy i może powodować pewne rodzaje raka.

Gdzie znajduje się BPA?

Bisfenol A znajduje się w takich wyrobach jak plastikowe pojemniki i butelki, plastikowe folie, a także puszki i niektóre kartony. Plastikowe artykuły oznaczone cyframi 3, 6 i 7 z myślą o ich recyclingu często zawierają BPA.

Co sprawia, że związek ten przedostaje się do żywności?

BPA znajduje się w wewnętrznej warstwie metalowych puszek. Gdy konserwa (np. pomidorowa) odznacza się znaczną kwasowością, wtedy istnieje większe prawdopodobieństwo, że BPA przeniknie do żywności. Kwaśne produkty oddziałują też na tworzywa sztuczne, a podobny wpływ wywiera raptowna zmiana temperatury otoczenia (np. umieszczenie butelki wody z lodówki w ciepłym wnętrzu samochodu).

Jak unikać BPA?

Na szczęście to coraz łatwiejsze, głównie dlatego że władze zabroniły stosowania tego związku w większości produktów dla dzieci. Poza tym, im więcej wiadomo o szkodliwości bisfenolu A, tym większy popyt na wyroby bez tego trującego związku chemicznego. Obecnie wiele firm wprowadza na rynek produkty bez BPA – są to choćby pomidory w opakowaniach marki Tetra Pak, stanowiące wspaniały zamiennik dla pomidorów w puszkach. Ponadto warto wybierać artykuły spożywcze w szklanych słoikach, a nie w konserwach czy opakowaniach plastikowych.

A co z produktami w puszkach i plastikowych pojemnikach?

Zamiast nich lepiej nabywać świeże, te w szklanych opakowaniach albo w specjalnych kartonowych pojemnikach. Mięso i ryby zawinięte w sklepie w plastikową folię można od razu po powrocie do domu zapakować w coś innego. Można też zażyczyć sobie w sklepie mięsnym zawinięcia zakupu w papier. Jeśli dostatecznie wielu ludzi wykaże się taką asertywnością, na pozytywne zmiany nie trzeba będzie długo czekać.

W co pakować dzieciom drugie śniadanie do szkoły?

Zazwyczaj plastikowe pojemniki na kanapki i plastikowe butelki zawierają BPA. Na szczęście coraz częściej można trafić na pojemniki bez BPA, trzeba ich tylko poszukać. Pod wpływem rezultatów najnowszych badań nad szkodliwością bisfenolu A większość producentów stara się lub musi zmienić stosowane technologie. Dodam też, że szklane, szczelnie zamykanie pojemniki są dostępne w wielu różnych rozmiarach – a to kolejna świetna alternatywa dla plastiku.

UWAGA:

Warto zainteresować sprawą same dzieci, niech dowiadują się o tym od małego. Wciągnij je w proces przygotowywania i pakowania drugiego śniadania do szkoły. W ten sposób dowiedzą się czegoś o zdrowym odżywianiu. Kup dla dziecka nietoksyczne, atrakcyjne pojemniki do przechowywania lunchu.

Sprzątanie w kuchni

Cóż złego w chemikaliach?

Tradycyjne środki czyszczące do użytku domowego zawierają takie związki chemiczne jak alkilofenole i alkilofenole oksyetylenowane, amoniak, chlor, dietanolaminy oraz różne inne. Związki te mogą wywoływać alergię, podrażnienia skóry, astmę i jeszcze większe problemy zdrowotne. Całkowicie zrezygnować ze stosowania tych chemikalii w naszych domach w praktyce się nie da, ale można zdawać sobie sprawę z ich szkodliwości i maksymalnie ograniczyć stykanie się z nimi. Dotyczy to przede wszystkim detergentów, wybielaczy i odplamiaczy, środków dezynfekujących oraz innych produktów do czyszczenia.

Czy stosowanie naturalnych środków czyszczących jest droższe?

Niekoniecznie, jeśli podejdzie się do problemu mądrze. W rzeczywistości czyszczenie przy użyciu naturalnych produktów może okazać się wręcz tańsze. Naturalny ocet winny jest niedrogi i starcza na bardzo długo.

Co z domowej spiżarni może posłużyć za środek czyszczący?

Najlepszymi nietoksycznymi środkami tego rodzaju są ocet, soda oczyszczona, sok z cytryny i woda sodowa. Ocet to naturalny środek odkażający, który, proszę mi uwierzyć, usuwa też nieprzyjemne zapachy. Można go wykorzystać do mycia podłóg, blatów kuchennych, zlewów i wszelkich zabrudzonych powierzchni. Soda do pieczenia rozpuszczona w wodzie ma lekkie właściwości ścierne, wobec czego nadaje się do czyszczenia przedmiotów z nierdzewnej stali, dywanów, do zmiękczania tkanin i usuwania przykrych woni.

Dodatkowe informacje na temat diety zgodnej z grupą krwi

Poznaj swoją grupę krwi

Trudno zacząć się odżywiać zgodnie z grupą krwi, jeśli nie wiemy, jaką mamy. W Europie niemal każdy zna swoją grupę krwi, ale w Stanach Zjednoczonych można przez całe życie nie mieć o tym pojęcia, chyba że ktoś potrzebuje transfuzji. Oto kilka prostych sposobów na poznanie swojej grupy krwi:

- Oddaj krew. Nie tylko przysłużysz się w ten sposób innym, ale też dzięki temu dowiesz się za darmo, jaką masz grupę krwi. Miejsce, gdzie można oddać krew, znajdziesz w Internecie (w Stanach Zjednoczonych informacje na ten temat podaje Amerykański Czerwony Krzyż na stronie www.redcross.org/donate/give).
- Kup zestaw do badania grupy krwi, który znajdziesz na stronie internetowej D'Adamo *Personalized Nutrition* (www.4yourtype.com) w zakładce „Books and Tests" (książki i zestawy do badań). Test jest niedrogi i można go łatwo przeprowadzić w domu.
- Przy okazji kolejnej wizyty u lekarza na badaniach kontrolnych poproś, by dopisał ci analizę grupy krwi do zestawu zalecanych badań.

Status wydzielniczy

W tej książce odnosimy się też do statusu wydzielniczego, wskazując, czy dany przepis jest odpowiedni zarówno dla wydzielaczy, jak i niewydzielaczy, czy też nie. Jeśli nie znasz swojego statusu wydzielniczego, możesz nabyć stosowny zestaw do badania na stronie internetowej D'Adamo *Personalized Nutrition* (www.4yourtype.com).

Centrum Doskonalenia Medycyny Generatywnej

Ośrodek ten (COEMG – The Center of Excellence in Generative Medicine) powstał w wyniku współpracy doktora Petera D'Adamo z Uniwersytetem Bridgeport w celu stworzenia międzydyscyplinarnej biomedycznej inicjatywy niemającej sobie równych w żadnej innej uczelni medycznej. Centrum to łączy w sobie opiekę nad pacjentami, badania kliniczne oraz możliwość pobierania nauk przez studentów w programie nauk medycznych Uniwersytetu Bridgeport. To także miejsce, w którym dr D'Adamo prowadzi swoją praktykę kliniczną. Aby zasięgnąć informacji lub zapisać się na wizytę w przychodni prywatnej lub klinice, skontaktuj się z:

Center of Excellence in Generative Medicine
115 Broad Street
Bridgeport, CT 06604
(203) 366-0526
www.generativemedicine.org

D'Adamo Personalized Nutrition® – North American Pharmacal, Inc

Chcąc uzyskać informacje na temat diety zgodnej z grupą krwi, skontaktuj się z:

North American Pharmacal, Inc.
213 Danbury Road
Wilton, CT 06897
Tel. dla połączeń międzynarodowych: (203) 761-0042
Tel. bezpłatny na terenie Stanów Zjednoczonych: (877) 226-8973
Faks. (203) 761-0043
www. 4yourtype. com

www.dadamo.com – oficjalna strona internetowa Petera D'Adamo

Jedna z najdłużej istniejących stron internetowych przeznaczonych dla grona użytkowników Internetu, którzy są zwolennikami prac doktora Petera D'Adamo. Łatwo się po niej poruszać i mnóstwo w niej pożytecznych narzędzi i blogów, a także niezwykle miłych forów dyskusyjnych. W tej przyjaznej, prowadzonej przez moderatorów grupie, w której panuje rodzinna atmosfera, zawsze mile widziane są nowe osoby.

Produkty

Produkty doktora D'Adamo występujące w tej książce oraz informacje na temat tego, gdzie można je znaleźć:

Protein Blend™ Powder – Type A (mieszanka proteinowa w proszku dla grupy A)
Dr D'Adamo opracował mieszanki białkowe dopasowane do potrzeb osób z poszczególnymi grupami krwi. Mieszanka dla grupy A zawiera dużo białka pochodzącego z ryżu oraz białek jaj i nie ma w niej cukru.
Protein Blend™ Powder można kupić w Internecie na stronie www. 4yourtype.com, klikając na „Speciality Products" (specjalne produkty) i znajdując na rozwijanej liście „Bars and Shakes" (batony i koktajle).

Unibar® Protein Bar (baton białkowy)
To zdrowa przekąska, którą można jeść bez wyrzutów sumienia! Opracowana przez doktora D'Adamo dla wszystkich grup krwi, łącznie z wydzielaczami i niewydzielaczami, jest idealnym zamiennikiem posiłku, batonem dostarczającym czystego paliwa potrzebnego do treningu i pożywną przekąską zapewniającą dowóz energii między głównymi posiłkami.
Czekoladowo-wiśniowe batony Unibar (zawierające 15 g białka) i jagodowo-migdałowe (13 g białka) można kupić przez Internet na stronie www. 4yourtype. com, klikając na „Speciality Products" (specjalne produkty) i znajdując na rozwijanej liście „Bars and Shakes" (batony i koktajle).

Carob Extract™
Pyszny i kuszący syrop wyrabiany ze strąków karobu (chleba świętojańskiego) jest korzystny dla wszystkich grup krwi. Łagodzi zaburzenia trawienne i pomaga zwalczyć zmęczenie. Jest tak dobry, że będziemy mieć ochotę na więcej niż jedną łyżeczkę dziennie. Można

skrapiać nim naleśniki, lody, muffiny, a nawet dodawać do płatków zbożowych.

Wyciąg z karobu można kupić przez Internet na stronie www. 4yourtype. com, klikając na „Speciality Products" (specjalne produkty) i znajdując na rozwijanej liście „Bars and Shakes" (batony i koktajle).

Probbery 3™ Liquid

Produkt Probbery 3, przeznaczony do wzmacniania układu odpornościowego, występuje zarówno w kapsułkach, jak i w płynie, ale kiedy tylko spróbujesz płynu, zaraz się od niego uzależnisz! Piję po łyżeczce, kiedy jestem przeziębiona, lub wlewam go do koktajlów owocowych, mieszam z lodami lub herbatą, dodając im smacznej dawki przeciwutleniaczy.

Proberry 3 można kupić przez Internet na stronie www. 4yourtype. com, klikając na zakładkę „Right for All Types" (dobre dla wszystkich grup krwi), następnie na „Immune Support" (wzmacnianie odporności) i znajdując na rozwijanej liście Probbery 3™ Liquid.

Listę wszystkich produktów opracowanych przez doktora Petera D'Adamo znajdziesz na stronie www.4yourtype.com.

SWAMI © Oprogramowanie komputerowe dotyczące indywidualnej diety

Doktor D'Adamo opracował program komputerowy SWAMI, chcąc wykorzystać moc sztucznej inteligencji z jej niezwykłą precyzją i szybkością działania, by pomóc każdemu dopasować dietę do osobistych potrzeb.

Na podstawie wielkiej bazy informacji program SWAMI potrafi dokonać oceny ponad siedmiuset produktów żywnościowych, zestawiając je z ponad dwustoma indywidualnymi cechami (takimi jak stężenie cholesterolu we krwi, zawartość glutenu, obecność przeciwutleniaczy itd.), aby określić, czy dany pokarm jest dla nas korzystny, czy też toksyczny. Pozwala opracować jedyną w swoim rodzaju dietę w czytelnej i przyjaznej postaci. Więcej informacji na temat SWAMI znajdziesz na stronie internetowej www.4yourtype.com

Bibliografia

1. Bob's Red Mill, Bob's Red Mill Natural Foods, www.bobsredmill.com. Accesed maj 2013.

2. D'Adamo, P.J. i C. Whitney, *Jedz zgodnie ze swoją grupą krwi*, Mada, Warszawa 1998

3. D'Adamo, P.J. i C. Whitney, *Żyj zgodnie ze swoją grupą krwi*, Mada, Warszawa 2008

4. EWG's *Shopper's Guide to Pesticides in Produce* (Przewodnik Środowiskowej Grupy Roboczej dla kupujących na temat pestycydów w produktach rolnych), strona internetowa Environmental Working Group: www.ewg.org, 2011

5. *Food Labeling/Organic Food*, www.usda.gov, United States Departament of Agriculture, Internet, maj 2013

6. *Healthy Child Healthy World*, www.healthychild.org. Accessed maj 2013

7. Mateljan, G., *The World's Healthiest Foods*, www.whfoods.com, maj 2013.

8. Nischan M. i M. Goodbody, *Sustainably Delicious: Making the World a Better Place, One Recipe at a Time*, Rodale Books, 2010

Podziękowania

Peter J. D'Adamo

To wielka przyjemność podzielić się książkami z niniejszej serii z czytelnikami książki *Jedz zgodnie ze swoją grupą krwi* oraz zwolennikami mojej pracy nad dietą i dalszymi badaniami w dziedzinie medycyny zindywidualizowanej. Wielu osobom chciałbym podziękować, gdyż prezentowana publikacja to efekt pracy zbiorowej.

Składam głębokie wyrazy wdzięczności mojemu wieloletniemu wydawcy Berkley Books, oddziałowi Penguin Group (USA) Inc., a w szczególności redaktorowi Denisowi Silvestro, którego osobista wiara w moje książki kucharskie pozwoliła przemienić je z formy e-booka, w jakiej pojawiły się na początku, w taki ich format, jaki mamy obecnie; wydawcy Leslie Gelbmanowi oraz Allison Janice, która koordynowała pracami redakcyjnymi, oraz całemu zespołowi z wydawnictwa Berkley, pracującemu nad przygotowaniem tych książek. Chciałbym również podziękować mojej oddanej agentce, Janis Vallely, której zachęta, przewodnictwo oraz wytrwałość doprowadziły do ich wydania.

Szczególne podziękowania dla Kristin O'Connor, której umiejętności kulinarne połączone z głęboką wiedzą i wiarą w dietę zgodną z grupami krwi pozwoliły nam opracować przepisy na smaczne i odżywcze potrawy odpowiednie dla każdej z grup.

Specjalne wyrazy wdzięczności dla ludzi z naszego zespołu z North American Pharmacal oraz Drum Hill, którzy pracowali nad przygotowaniem książek, a zwłaszcza dla Boba Messineo, Wendy Simmons-Taylor, Ann Quasarano, Johna Alvorda, Emily D'Adamo oraz Angeli Bergamini.

Jak zawsze jestem też wdzięczny swojej żonie i partnerce, Marthcie Mosko D'Adamo za jej niezachwiane wsparcie i rolę, jaką odegrała w powołaniu tych książek do istnienia; dziękuję również swoim córkom, Claudii i Emily, które także wykazują wielkie zainteresowanie pracą wydawniczą oraz dobrze przyrządzonymi posiłkami. Na koniec dziękuję setkom tysięcy czytelników i zwolenników, którzy idą tą samą drogą co ja. Wasze nieustanne poświęcenie dla osobistego zdrowia i dobrego samopoczucia dodaje mi sił i zachęty i jestem zaszczycony waszym zaufaniem i poświęceniem, jakie okazujecie.

Kristin O'Connor

Jestem ogromnie szczęśliwa, mając tak wielkie wsparcie ze strony innych. Naprawdę nie poradziłabym sobie bez was.

Przede wszystkim składam podziękowania doktorowi Peterowi D'Adamo, który opracował podstawy naukowe tej skutecznej diety. Zawsze będę szanować jego błyskotliwą inteligencję oraz chęć uzdrowienia świata. Dziękuję też mojej matce, Susan O'Connor, dzięki której tak bardzo przekonałam się do tej diety, za to, że nauczyła mnie gotować, wspierała na każdym kroku i była przy mnie, kiedy wypróbowywałam wszystkie sześćset potraw! Ojcu, Kevinowi O'Connorowi, który dostrzega we mnie większe możliwości niż ktokolwiek inny, i nauczył mnie podstaw fotografii, a także pokazał, jak wciąż na nowo rozbudzać w sobie odwagę. Bratu, dr Ryanowi O'Connorowi, za docenianie moich osiągnięć i radowanie się moimi sukcesami jak swoimi... a także za to, że był „królikiem doświadczalnym" chętnie próbującym moich potraw! Dziękuję też moim dziadkom, Ellie i Michaelowi DeMaio, za bezwarunkowe wsparcie, doping i zachętę.

Wielkie podziękowania dla Davida Domediona za skrupulatne zredagowanie wszystkich przepisów; dla Chrisa Bierleina za niezwykły talent, życzliwość i wspaniałomyślność podczas robienia i opracowywania wspaniałych zdjęć na okładki. Współpraca z nim to prawdziwy zaszczyt.

Heather Rahilly, której przyjaźń zapewniła mi zdrowie psychiczne, a inteligencja pozwoliła kontynuować pracę – dzięki za to, że mogłam skorzystać z porad tak skrupulatnej prawniczki. Składam też wyrazy podziękowania wszystkim przyjaciołom, którzy są dla mnie jak rodzina, za bezinteresowną pomoc, jaką mi oferowali na wszelkie możliwe sposoby: Annie Gaffron, Mandy Geisler, Lathcie Chirunomula (wraz z Padmą i Pushpavathi za nauczenie mnie podstaw kuchni południowoindyjskiej), Jennifer Eastes, Iwonie Lackiej oraz Metwally'om.

Dziękuję Timowi Macklinowi za to, że okazał się moim bardzo cierpliwym mentorem, wspaniałym źródłem wiedzy i zachęty do pracy. Danielle Boccher, Scottowi Olnhausenowi oraz reszcie moich znajomych z Concentric! Specjalne podziękowania dla doktora Petera Bongiorno, doktora Pina LoGiudice za wzięcie mnie pod swoje skrzydła, kiedy byłam początkującą kucharką, chcącą się czegoś nauczyć.

Dziękuję Kate Fitzpatrick i Ann Quasarano za niezawodność i wynajdywanie sposobów promocji naszych książek; Stephenowi Czickowi za poświęcenie niezliczonych godzin na zredagowanie tekstu i pomoc; a Wendy Simmons-Taylor za jej cierpliwość podczas prac stylistycznych.

Wyrażam też wdzięczność Marthcie D'Adamo oraz zespołowi z wydawnictwa Drum Hill za umożliwienie mi pracy nad tymi książkami, które ogromnie lubię i cenię.

I na koniec chciałabym szczególnie bardzo podziękować Craigowi Andersonowi za to, że dał mi szansę na samym początku i pozwolił zrealizować marzenia.